デンマーク発

ヘレナ&パニラのしましま編みニット

オーナメント、ティーコゼーから、
帽子、ブランケット、ミトンまで

ヘレナ・イェンセン / パニラ・フィスカー 著
くらもと さちこ 訳

誠文堂新光社

『しましま編みニット』の始まりとなった＜クリスマスこもの＞を纏って、茶めっ気たっぷり

VELKOMMEN　しましま編みワールドにようこそ

北欧デンマークのデザイナー、ヘレナとパニラです。
この本を手にとってくださって、ありがとうございます。
私たちの作品やアイデアを皆さんと共有できることを、心から嬉しく思います。
おうちこものやおでかけこもの、そして、クリスマスを楽しむこものを、ガーター編みと
しましま編みを組み合わせた作品として展開しました。とっても楽しい企画でした。
しましま編みもツートーンだったりカラフルな組み合わせだったり、いろいろ作ってみました。
皆さまのお好みやその時の気分にフィットするものが見つかることを願っています。
そして、皆さまの創造性がますます豊かになるお手伝いができることを祈っています。
この本が、編みものや手しごとをもっともっと楽しみたい！と思うきっかけになりますように。

2024年秋

ヘレナさんのプロフィールは、P.124・125、パニラさんのプロフィールは、P.126・127でご覧になれます。

本書出版に寄せて

2013年のことでした。デンマークから1冊の本が届きました。それは、ヘレナ・イェンセンさん、パニラ・フィスカーさんのお二人が作った、赤と白のストライプだけで構成されたクリスマスのニット小物の本でした。作品もブックデザインも新鮮で、今まで見たこともない印象でした。送り主は作者の一人ヘレナさんで、彼女とは北欧ニットシンポジウムでお目にかかった記憶はありましたがニット本を出版していることは全く知りませんでした。シンポジウムのメンバーから私の話を聞いて送ってくれたようでした。

日本での出版を望んでいることも感じられましたし、私自身この素晴らしい本を日本のニットファンにも見て欲しいと思っていましたので、いろいろな出版社と相談をしましたがなかなかうまく行きませんでした。

1冊目からそれほどの間を置かず、2冊目の本が届きました。こちらの本は色使いが楽しい小物でした。2冊まとめて本にできるのではないかともう一度企画を立ててみましたが、こちらもうまく行きませんでしたが、この度やっと翻訳本が出版されることになりました。

最初の本を目にしてから10年余も経っているので、廃番の糸を整理して手に入る糸で作品を作り直したり、新たな作品をプラスして、やっと日本で初めての二人の本が完成しました。編み地はガーター編みという点もシンプルで作品を引き立てています。

お二人とも日本の文化が好きで、この本も影響を受けていると話してくれました。日本のニッターの皆さんにも、お二人のこのような創作の背景が感じられて、楽しんでいただけましたら幸いです。

林ことみ

編みものはヒュッゲ

私たちの合作プロジェクト「しましま編みニット」は、母校「デザインスクール・コリング」で教鞭を取っていた時代に始まります。ある秋に編んだ赤と白のしましまスカーフがきっかけとなり、インスピレーションの連鎖が始まりました。その年のクリスマスを待つ期間、アドヴェントには、アドヴェントリースが赤白のしましま編みで作られ、その後、一連の作品が生まれました。それは、色使いを楽しむ作品に展開され、形だけではなく、色での遊びも楽しみました。お互いの感性が響き合い、さまざまな相乗効果が生まれました。

編みものは『ヒュッゲ』です。そして、この本で紹介している作品は『ヒュッゲ』という概念が基盤となっています。『ヒュッゲ』はデンマーク発祥の概念です。デンマークでの『ヒュッゲ』は、心が満たされた時に感じる幸せで温かな状態を指します。心が安らぎ、穏やかで、慣れ親しんだ関わりと結びついていることが多く、社会的にあるべき姿ではなく、飾らない、本来の自分のままでいることができるバランスのとれた状態です。デンマークでは、『ヒュッゲ』は光とおいしさと暖かさに結びついていると言われますが、親しい人とお茶の時間を過ごすのもヒュッゲだし、大好きな本を読むひとときもヒュッゲ。編みものもヒュッゲです。夜、仕事が一段落して、リビングのソファーに座って編みものをしている時の心の静寂と、手仕事から生まれる喜びは、ヒュッゲそのものなのです。クリスマスにはクリスマスならではのヒュッゲがあり、家庭でも家の外にもヒュッゲがたくさん存在します。皆さんが、この本で編みものがもたらすヒュッゲをお楽しみになるとともに、できあがった作品をヒュッゲなひとときに愛用してくださることを願っています。

お互いの感性に感化され合って生まれた作品群

本書は、Helene Jensen & Pernille Fisker共著 "Strikkede Striber - JUL" "Strikkede Striber - FORÅR"を元に新作5点を加えて翻訳・再編集したものです。

STRIKKEDE STRIBER

INDEX

デンマーク発
ヘレナ&パニラのしましま編みニット

VELKOMMEN

しましま編みワールドにようこそ	2
本書出版に寄せて/林ことみさん	3
編みものはヒュッゲ	3

JUL

しましま編み クリスマスこもの STRIKKEDE STRIBER - JUL	6
ガーランド GUIRLANDE	8
クリスマスの飾り玉 JULEKUGLE	10
さんかくバスケット KRÆMMERHUS	12
キャンディーケイン SUKKERSTOK	16
ベツレヘムの星 TOPSTJERNE	20
クリスマスのすごし方 GLÆDELIG JUL	26
クリスマス・ラグ JULETRÆSTÆPPE	28
アドヴェントリース ADVENTSKRANS	32
クリスマスのニット帽 JULEHUE	36
クリスマスのスカーフ JULETØRKLÆDE	38
クリスマス・ネクタイ JULESLIPS	42

ルームシューズ FUTTER	46		ぽかぽかマフラー LUNT TØRKLÆDE	100
しましまミトン LUFFER	50		リストウォーマー HÅNDLEDSVARMER	104
			ぴょんぴょん帽 HOP HUE	108

HJEMME

しましま編み おうちこもの STRIKKEDE STRIBER - HJEMME	56
ティーコゼー TEHÆTTE	58
エッグウォーマー ÆGGEVARMER	62
イースターエッグ PÅSKEÆG	66
茎つき葉っぱ BLADE MED STILK	68
テーブルランナー BORDLØBER	72
ヒュッゲ・ソックス HYGGE SOK	78
ヒュッゲ・ブランケット HYGGE PLAID	84
ヒュッゲ・フラワー HYGGE BLOMST	90

UDE

しましま編み おでかけこもの STRIKKEDE STRIBER - UDE	94
春待ちマフラー FORÅRS TØRKLÆDE	96

ヒュッゲ・バッグ　　114
HYGGE TASKE

INFORMATION

しましま編み・糸いろいろ GARN	118
しましま編み・編み記号一覧 STRIKKESYMBOLER	119
縮絨の仕方	119
トゥヴェステッド TVERSTED	119
しましま編み・色の組み合わせ FARVEKOMBINATIONER	120
しましま編み・この本で使われている技法 STRIKKETEKNIK	122
ヘレナ・イェンセン HELENE JENSEN	124
パニラ・フィスカー PERNILLE FISKER	126

註）
・この本では、すべての作品にデンマークのニットブランドISAGER（イサガー）の糸を使っています。
・この本では、編み地の表側も裏側もすべて表目で編んでいます（ガーター編み）。
・この本での編み図記号は、著者の書き方をそのまま掲載しています。
・編み図内の記号は、編み方の説明と同じ編み目を表記しています。

STRIK
KEDE
STRI
BER
JUL

しましま編み
クリスマスこもの

クリスマスは、1年で最も暗くなる冬至とほぼ重なります。冬至の日照時間は、1日およそ7時間。気温は零下ではないことが多いけれど、湿度が高いので体感温度はかなり低く感じます。

デンマークでは、キリスト教が浸透するまでは、冬至を堺に太陽が力を取り戻し始めるとされ、春には十分な光に恵まれることを念じ、冬至に焚き火や灯りを灯して光の祭りを行っていた歴史があります。そして、そのお祭りを行うためにさまざまな準備をする習慣がありました。デンマーク国旗の赤と白の組み合わせは「祝賀」を意味しますが、光が力を取り戻す起点は、今も尚、お祝いに値するのです。

この章では、クリスマスを迎える時期に楽しめる作品をご紹介します。赤と白による明るく楽しい世界をお楽しみください。

クリスマスの飾りつけに使う材料調達も楽しみの一つ

GUIRLANDE

ガーランド

ガーランドは、クリスマスツリーの伝統的な飾りです。ひもにデンマークの国旗が並ぶガーランドから、紙で作った輪飾りをつなげたものに発展しました。輪飾りガーランドは、子どもたちが好んで用意します。

材料・用具・基本情報

糸（リング1個分）	ISAGER TVINNI 白(0)、赤(32)　各4.5m
針	3.5mm棒針 （日本の4号または5号相当）
ゲージ	ガーター編み22目×40段（10cm角）
サイズ	2×11cm（リング1個）

編み方のポイント

すべて表目で編む（ガーター編み）
リングは単色で編み、赤と白を交互につなげて、しましまにする

編み方と仕上げ方　糸は2本どりで編む。

▶1つめのリング

1. 白を使って「指でかける作り目」で28目作り目をし、「ガーター編み」で5段編む。
2. 「伏せ止め」をして編み終える。
3. 編み地の短辺を中表に合わせ（編み地の表を内側にして合わせる）、ブランケットステッチ（4針）でとじる。編み地を表に返す。

▶2つめ以降

1. 赤の糸で1つめのリングと同様に編み、輪にした白のリングに赤の編み地を通して短辺をブランケットステッチでとじ、白と赤のリングをつなげる。
2. 同じ要領で白と赤のリングを交互に作り、必要な長さになるまで繰り返す。

アドバイス

長さ1mの輪飾りを作るためには、50gの毛糸（赤白25gずつ）で作った26個（赤白13個ずつ）の輪が必要です。

できあがり。クリスマスツリーに飾りましょう！

デンマークの人々にとって深い愛着がある赤と白の組み合わせ

JULEKUGLE

クリスマスの飾り玉

飾り玉のかたちは、永遠と完璧を象徴しています。クリスマスの飾り玉をツリーに飾ると、クリスマスにちなむ温かなひとときが、かけがえのない思い出として蘇ってくるのです。

材料・用具・基本情報

糸	ISAGER TVINNI 白(0)、赤(32)　各5g
針	3.5mm棒針(日本の4号または5号相当) 拾い目用棒針(3.5mm棒針)
その他	オーナメント用のひも付きクリアボール ぶら下げ用ワックスコード(赤)
ゲージ	ガーター編み　22目×40段(10cm角)
サイズ	7×16cm(編み終わった編み地の大きさ)
しましま編み	赤と白を1畝(往復編みで2段)ずつ交互に編む

編み方のポイント

すべて表目で編む(ガーター編み)

編み方と仕上げ方　　糸は2本どりで編む。

1. 白を使って「巻き目の作り目」で15目作り目をする。糸端を約20cm残しておく。2段めを表目で編む。
2. 3・4段めは赤に替え、ガーター編みで2段往復編みをする(1畝)。
3. 続けて白と赤の畝を交互に編み、赤が最後になるように32畝を編む(合計64段)。
4. 別針で作り目を全目拾う。
5. 編み地を中表に折り、作り目と編み終わりの目を突き合わせ、赤で引き抜きはぎをする。
6. 糸端を約20cm残して糸を切る。
7. 編み地を表に返す。
8. 6で残しておいた糸端をとじ針に通し、編み地の片端をぐるりと拾い、隙間ができないように、しっかりと糸を引いてとじる。
9. クリアボールを中に入れ、もう片方の端も編み始めの糸を使って同様にとじる。
10. ツリーに飾るための赤いワックスコードをつける。

できあがり。クリスマスツリーに飾りましょう!

クリアボールを入れると、しましまに表情が出てかわいい

KRÆMMERHUS

さんかくバスケット

さんかくバスケットは、クリスマスを迎える時期、家庭で紙を使って作ります。昔、小さな商店では、量り売りの飴を買うと、円錐状の紙袋に包んでもらっていました。今は、クリスマスツリーにお菓子を入れた円錐状のさんかくバスケットを飾る習慣として残っています。お菓子はクリスマス・イヴに少しずつ楽しみます。クリスマスの歌にも「クリスマスツリーは最初に見て楽しんで、その後に食べて楽しむんだよ」という歌詞があります。ここで登場する「食べる」は、さんかくバスケットに入ったお菓子を指します。

註）この本ではオーナメントとして作られています。
クリスマスらしい「おいしいもの」を入れたい方は、個装の軽いものだと安心ですね。

材料・用具・基本情報

<さんかくバスケット本体>

糸	ISAGER TVINNI 白(0)、赤(32) 各5g
針	3.5mm棒針（日本の4号または5号相当） 拾い目用棒針（3.5mm棒針）
ゲージ	ガーター編み 22目×40段（10cm角）
サイズ	直径9cm×高さ13cm、持ち手13cm
しましま編み	赤と白を1畝（往復編みで2段）ずつ交互に編む

<さんかくバスケット・ボタン>

糸	ISAGER TVINNI 赤(32) 少量
針	かぎ針2/0号
その他	木製ボール（直径1cm）1個
サイズ	直径1cm

さんかくバスケットに何が入っているかは、お楽しみ

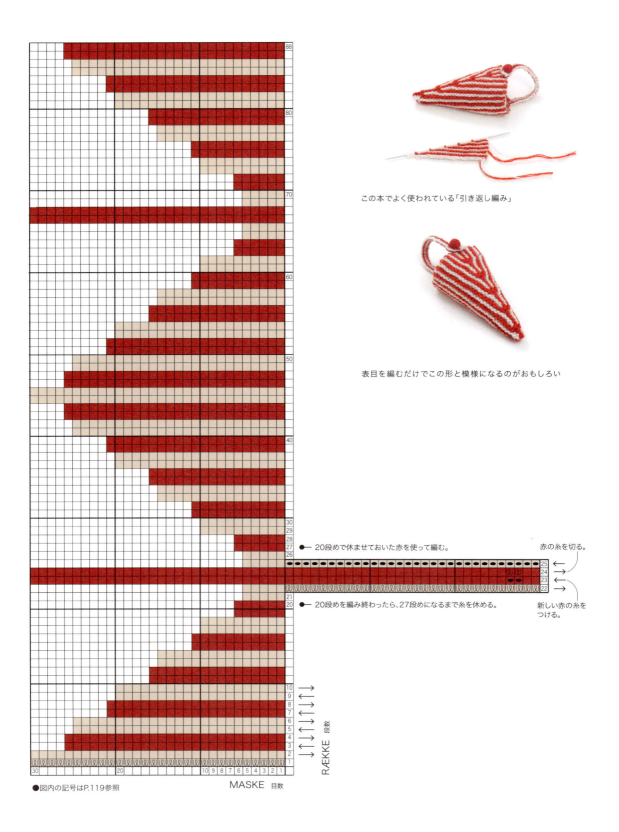

この本でよく使われている「引き返し編み」

表目を編むだけでこの形と模様になるのがおもしろい

編み方と仕上げ方

＜さんかくバスケット本体＞ 糸は2本どりで編む。

1. 1段め（1畝め・表）：白を使って「巻き目の作り目」で30目作り目をする。
2. 2段め（1畝め・裏）：表目で30目編む。
3. 3段め（2畝め・表）：赤で表目を26目編む。残りを左針に残したまま編み地を裏に返す。
4. 4段め（2畝め・裏）：表目で26目編む。
5. 5段め（3畝め・表）：白で表目を25目編む。残りの5目（赤1目・白4目）を左針に残したまま裏に返す。
6. 6段め（3畝め・裏）：表目で25目編む。
7. 7段め（4畝め・表）：赤で表目を21目編む。残りの9目（白4目・赤1目・白4目）を左針に残したまま裏に返す。
8. 8段め（4畝め・裏）：表目で21目編む。
9. 9～20段め（5～10畝め）：編み図にしたがって編む数を減らしながら、ガーター編みで白と赤のしましま模様を作る。

※編み地を裏に返す時、編まない目はそのまま針に残すので、総目数の30目は変わりません。

10. 21段め（11畝め・表）：白で表目を5目編む。
11. 22段め（11畝め・裏）：表目で5目編み、続けて、持ち手用に「巻き増し目」で30目を作る。20段めの赤の糸は休ませておく。
12. 23段め（12畝め・表）：新しい赤をつけ、表目2目・伏せ目2目を編み、残りの作り目の26目と本体の30目をすべて表目で編む。持ち手と本体の境目では、11で休ませている本体側の赤の糸を挟んで編む。
13. 24段め（12畝め・裏）：表目で56目編み、続けて「巻き増し目」で2目作り、残りの2目を表目で編む。糸端を約20cm残して切る。
14. 25段め（13畝め・表）：白で30目を「伏せ止め」にする。続けて本体の5目を表目で編む。
15. 26段め（13畝め・裏）：表目で5目編む。
16. 27段め（14畝め・表）：赤で表目6目（左針の白5目・赤1目）を編む。
17. 28段め（14畝め・裏）：表目で6目編む。
18. 29段め（15畝め）：白で10目をガーター編みで2段編む。
19. 31～44段め（16～22畝め）：赤と白を交互に2段ずつ、編み図にしたがって編む目を増やしながら編む。
20. 45・46段め（23畝め）：白ですべての目（30目）をガーター編みで2段編む。
21. 47～66段め（24～33畝め）：3～22段め（2～11畝め）と同じ要領で編む目を減らしていく。
22. 67段め（34畝め・表）：赤ですべての目（30目）を表目で編む。
23. 68段め（34畝め・裏）：表目で30目編む。
24. 69～88段め（35～44畝め）：編み図にしたがって編む目を増やしながら編む。
25. 編み地を中表に折り、作り目と編み終わりの目を突き合わせ、赤で「引き抜きはぎ」をする。
26. 糸端を約20cm残して糸を切り、糸始末する。

＜さんかくバスケット・ボタン＞ 糸は1本どり、かぎ針で編む。

1. 鎖編みで4目作り、1目めに引き抜いて輪にする。
2. 1段め：細編み6目を輪に編み入れる。
3. 2段め：前段の1目に細編みを2目編み入れる。これを繰り返し、合計12目編む。
4. 3段め：細編みを12目編む。
5. 4段め：細編みを12目編む。
6. 5段め：「細編み2目一度」を6目編む。
7. 木製ボールを入れる。
8. 6段め：「細編み2目一度」を3目編む。
9. 7段め：糸端を約10cm残して切り、最後の目のループに糸端をくぐらせる。糸を引いて目を引き締め、糸始末をする。
10. さんかくバスケットの本体にボタンを縫いつけ、持ち手をとめる。

できあがり。クリスマスツリーに飾りましょう！

さんかくバスケットにつけるボタン

SUKKERSTOK

キャンディーケイン

ステッキ型のキャンディー「キャンディーケイン」を、しましま編みで作ったオーナメントです。おいしそうでしょう！「キャンディーケイン」は、デンマークの人々が大好きな赤と白の組み合わせにぴったりのモチーフ。クリスマスツリーの飾りにもよく使われます。大きめのキャンディーをオーナメントとして飾ることへの特別感もありますね。

材料・用具・基本情報

糸	ISAGER TVINNI 白(0)、赤(32)　各5g
針	1.5mm棒針
その他	手芸用モール（直径10mm）21cm
ゲージ	ガーター編み　34目x72段（10cm角）
サイズ	幅3x21.5cm （編み終わった編み地の大きさ）
しましま編み	赤と白を2畝（往復編みで4段）ずつ交互に編む

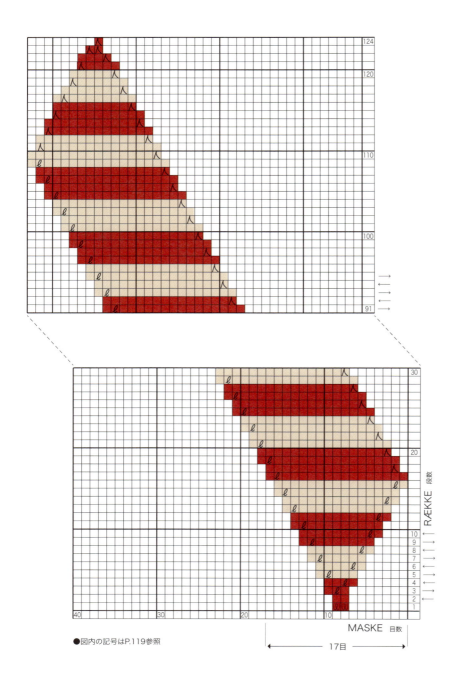

●図内の記号はP.119参照

編み方と仕上げ方

編み方 1段め（作り目）が裏の段になる。

1. 1段め：赤を使って「巻き目の作り目」で2目作り目をする。
2. 2段め：表目を2目編む。
3. 3段め：表目1目・「ねじり増し目」1目、表目1目を編む。（3目）
4. 4段め：表目1目・「ねじり増し目」1目・表目2目を編む。（4目）
5. 5段め：白に替え、表目1目・「ねじり増し目」1目・表目3目を編む。（5目）
6. 6段め：表目1目・「ねじり増し目」1目・表目4目を編む。（6目）
7. 7段め：表目1目・「ねじり増し目」1目・表目5目を編む。（7目）
8. 8段め：表目1目・「ねじり増し目」1目・表目6目を編む。（8目）
9. 9段め：赤で表目1目・「ねじり増し目」1目・表目7目を編む。（9目）
10. 10〜16段め：各段で、段の始めに表目1目・「ねじり増し目」1目・残りの目を表目で編む工程を繰り返し、赤と白が交互で4段（2畝）ずつのガーター編みでしましま模様を作る。16段16目（白）になるまで、この工程を繰り返す。
11. 17段め：赤で表目1目・「ねじり増し目」1目・表目15目を編む。（17目）
12. 18段め：「右上2目一度」1目・残りの目を表目で編む。（16目）
13. 19段め：表目1目・「ねじり増し目」1目・表目15目を編む。（17目）
14. 20段め：「右上2目一度」1目・残りの目を表目で編む。（16目）
15. 21段〜108段め：奇数段は表目1目・「ねじり増し目」1目・残りの目を表目で編み（17目）、偶数段は「右上2目一度」1目・残りの目を表目で編む。（16目）白と赤が交互で4段（2畝）ずつのガーター編みで108段まで編み、しましま模様を27本作る。
16. 109段め：白で表目1目・「ねじり増し目」1目・表目15目を編む。（17目）
17. 110段め：「右上2目一度」1目・残りの目を表目で編む。（16目）
18. 111〜124段め：白と赤が交互で4段（2畝）ずつのガーター編みを、110段めと同じ要領で針に1目残るまで編む。合計31本のしましま模様ができる。
19. 糸を約20cm残して切り、糸始末する。

仕上げ方

1. 手芸用モールを21cmの長さにカットする。
2. 手芸用モールをしましま模様の編み地で包み、長辺を赤の糸でブランケットステッチをしながらかがる。
3. 短辺の端を押さえてブランケットステッチでかがる。もう片方も同様にかがる。
4. 両端の始末をしたら、棒をステッキのように曲げる。

できあがり。クリスマスツリーに飾りましょう！

斜めのしましま模様がかわいい

TOPSTJERNE

ベツレヘムの星

クリスマスツリーには「永遠」を象徴するもみなどの常緑樹を使うことが伝統となっています。ここでは、伝統的なもみの木ではなく、ペールグリーンという伝統から外れた色を加え、明るくモダンなクリスマスを表現しました。ツリーの頂上部に飾る星はイエス・キリストの降誕を知らせた「ベツレヘムの星」を表しています。

材料・用具・基本情報

糸	ISAGER TVINNI 白(0)、赤(32)　各20g
針	2.5mm棒針(日本の1号または2号相当) 休み目用・拾い目用棒針(2.5mm棒針)
その他	ボール紙(1.5mm厚)21x21cm(1枚) 手芸ワイヤー(直径1.2mm)35cm
ゲージ	ガーター編み 26目x50段(10cm角)
サイズ	21x21cm(1枚)
しましま編み	赤と白を1畝(往復編みで2段)ずつ交互に編む

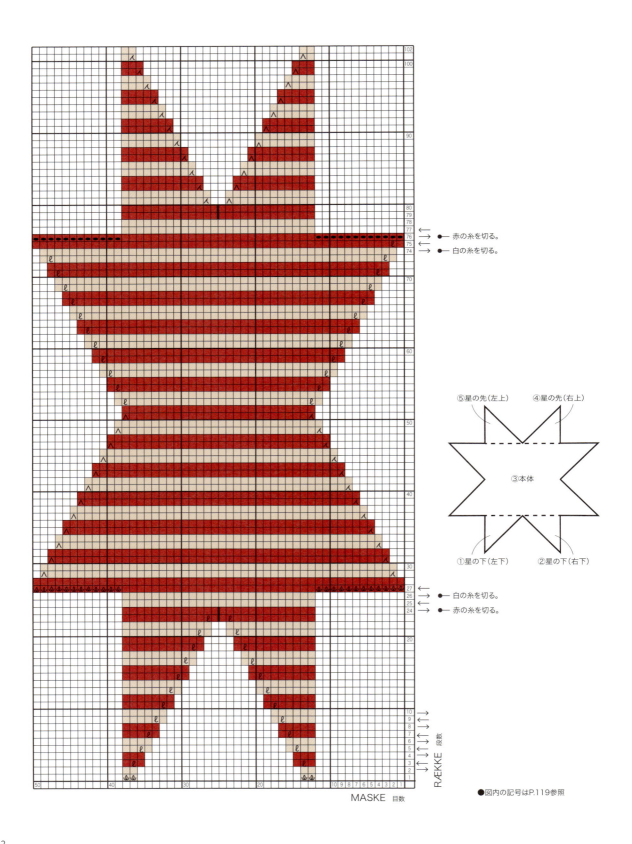

編み方と仕上げ方

編み方　糸は2本どりで編む。

- 増やし目を端でする場合は「巻き増し目」をし、端に1目編んでからする場合は「ねじり増し目」で目を増やす。
- 減らし目を右端でする場合は「右上2目一度」をし、左端でする場合は「左上2目一度」をして目を減らす。

①星の先（左下）

1. 1段め：白を使って「巻き目の作り目」で2目作り目をする。
2. 2段め（裏）：表目で2目編む。
3. 3段め（表）：赤に替え、表目1目・「ねじり増し目」1目・表目1目を編む。
4. 4段め：表目で3目編む。
5. 5段め：白で表目1目・「ねじり増し目」1目・表目2目を編む。
6. 6段め：表目で4目編む。
7. 7～24段め：編み図にしたがって、しましま模様を作りながら、1畝ごとに1目ずつ目を増やして13目（12畝）になるまで編む。
8. 糸始末して、13目を休み目用の針に休ませておく。

②星の先（右下）

1. 1段め：白を使って「巻き目の作り目」で2目作り目をする。
2. 2段め（裏）：表目で2目編む。
3. 3段め（表）：赤に替え、表目1目・「ねじり増し目」1目・表目1目を編む。
4. 4段め：表目で3目編む。
5. 5段め：白で表目で2目・「ねじり増し目」1目・表目1目を編む。
6. 6段め：表目で4目編む。
7. 7段～24段め：編み図にしたがって、しましま模様を作りながら、1畝ごとに1目ずつ目を増やして13目（12畝）になるまで編む。
8. 糸始末する。

③本体

1. 25段め（13畝め・表）：左針に星の先の目を①左下、②右下の順に通し、白ですべての目（26目）を表目で編む。
2. 26段め（13畝め・裏）：表目で26目編み、糸始末をする。
3. 27段め（14畝め・表）：新しい赤で、「巻き目の作り目」で12目作り、26段めの26目を表目で編み、「巻き増し目」で12目作る。
4. 28段め（14畝め・裏）：すべての目（50目）を表目で編む。
5. 29段め（15畝め・表）：白で「右上2目一度」1目・最後の2目手前まで表目・「左上2目一度」1目を編む。（48目）
6. 30段め（15畝め・裏）：すべての目を表目で編む。
7. 31～52段め（16～26畝め）：29・30段めと同じ要領で、26目になるまで編む。
8. 53段め（27畝め・表）：白で表目1目・「ねじり増し目」1目・最後の1目手前まで表目・「ねじり増し目」1目・表目1目を編む。
9. 54段め（27畝め・裏）：すべての目を表目で編む。
10. 55～75段め（28～38畝め）：しましま模様を作りながら、53・54段めと同じ要領で、50目になるまで編む。
11. 76段め（38畝め・裏）：赤で12目を「伏せ止め」し、続けて表目で26目編み、残りの12目を「伏せ止め」し、糸始末する。

④星の先（右上）

1. 77・78段め（39畝め）：新しい白をつけ、ガーター編みで2段編む。（26目）
2. 79段め（40畝め・表）：新しい赤をつけ、表目13目を編む。残りの13目を休み目用の針に休ませる。
3. 80段め（40畝め・裏）：すべての目を表目で編む。
4. 81～101段め（41～51畝め）：しましま模様を作りながら、奇数段の最後で「左上2目一度」を1目編み、偶数段はすべて表目で編む。
5. 102段め（51畝め・裏）：表目で2目編み、糸端を約20cm残して切り、糸始末する。

⑤星の先（左上）

1. 79段め（40畝め・表）：新しい赤をつけ、④の2で休めていた13目を表目で編む。
2. 80段め（40畝め・裏）：すべての目を表目で編む。
3. 81～101段め（41～51畝め）：しましま模様を作りながら、奇数段は段の始めで「右上2目一度」1目・残りの目を表目で編み、偶数段はすべて表目で編む。
4. 102段め（51畝め・裏）：表目で2目編み、糸端を約20cm残して切り、糸始末する。
5. すべての糸始末をする。

もう一枚も同じように作る。

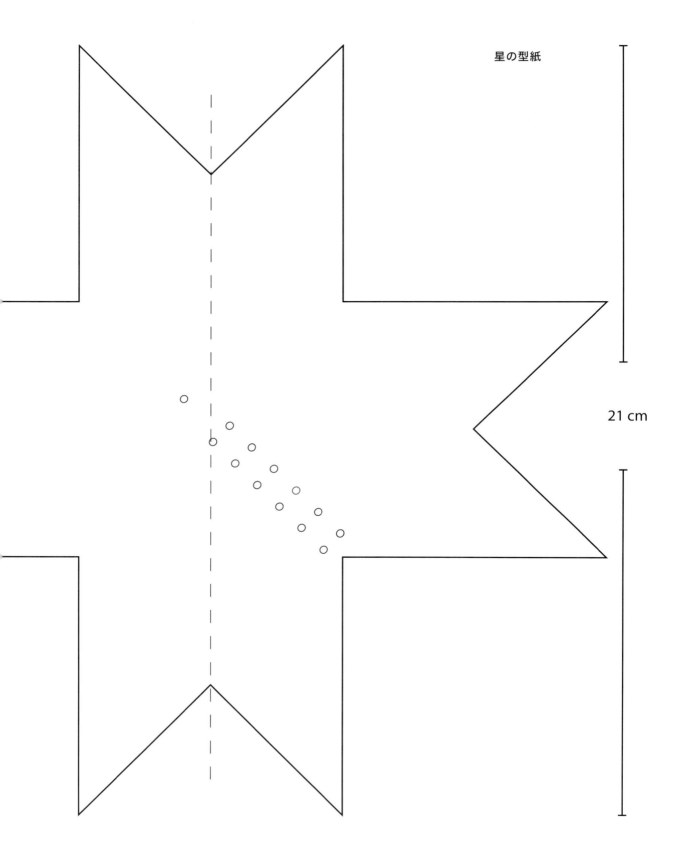

星の型紙

21 cm

仕上げ方

1. P.24の星の型紙をコピーし、ボール紙に書き写す。
2. ボール紙を星の形にカットする。
3. 目打ちなどで、P.24を参考に、点の部分に穴を開ける。
4. 手芸ワイヤーを35㎝にカットし、端から20㎝をツリーの先に飾れるようにスパイラル状に成形する。
5. 手芸ワイヤーを星の中心にある穴に通す。
6. 手芸ワイヤーの先を穴の空いている方に曲げる。
7. スパイラルがある方の手芸ワイヤーも同じ方向に曲げる。
8. 星を編んだ糸を使い、クロスステッチでワイヤーを固定する。
9. 星の編み地2枚を外表に重ね、間に手芸ワイヤー付きのボール紙をはさみ、赤の糸を使って縁まわりをブランケットステッチでかがる。

さぁ、ベツレヘムの星ができました。クリスマスツリーのてっぺんに飾りましょう。

クリスマスツリーに飾るための工程

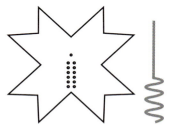

①・②・③ボール紙を星の形にカットし、P.24を参考に穴を開けておく。
④手芸ワイヤーの端をスパイラル状に成形しておく。

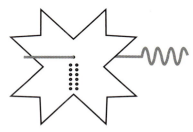

⑤手芸ワイヤーを星の中心にある穴に通す。

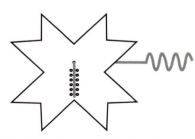

⑥手芸ワイヤーの先を穴の開いている方に曲げる。

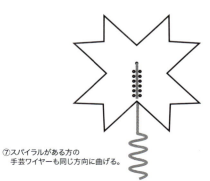

⑦スパイラルがある方の手芸ワイヤーも同じ方向に曲げる。

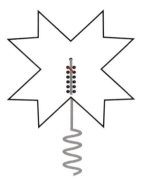
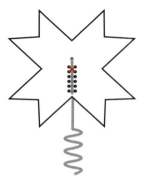
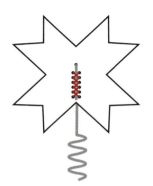

⑧・⑨星を編んだ糸を使い、クロスステッチをしながらワイヤーを固定する。

25

GLÆDELIG JUL

クリスマスのすごし方

デンマークのクリスマス

デンマークでのクリスマスは「ヒュッゲ」と連動しています。

クリスマスに関連した行事は「アドヴェント」から始まります。アドヴェントは、クリスマスまでの4回の日曜日を含む期間を指し、クリスマスの準備をしたり、家族や友人と一緒にクリスマスを迎えるためのひとときを過ごしたりします。紙でクリスマス飾りを作ったり、クリスマスマーケットに行ったり、エーブルスキーバ※やグルッグ※※を食べて飲んで、クリスマス・クッキー※※※を一緒に焼いたり、と楽しいことが盛りだくさんです。

12月に使うキャンドルには1から24までが書かれており、12月1日からの24日までの間、毎日、その日分のキャンドルを灯し、クリスマスまでを待ち侘びます。アドヴェントリースもキャンドルを使う飾りです。アドヴェントリースに用意された4本のキャンドルは、クリスマスの前の日曜日4回を象徴し、日曜日が訪れる度に点灯するキャンドルの数を増やします。デンマークでは、12月の朝は真っ暗なので、キャンドルを灯すことによって、ヒュッゲで静かなひとときが生まれます。皆が楽しみにしている習わしです。

※エーブルスキーバは、たこ焼きのような形をしたまんまるのパンケーキです。
※※グルッグは、レーズンやスライス・アーモンド入りスパイス風味のホットワインです。
※※※クリスマス・クッキーは、手でつまめる小さめサイズのクッキーです。砂糖、バター、小麦粉のほか、クリスマス・スパイスやナッツなどが入ります。

クリスマス・プレゼント

デンマークでは、クリスマス・プレゼントを手作りで用意する伝統があります。この本では、マフラー、帽子、ミトン、ルームシューズなど、クリスマス・プレゼントとして用意できる作品をご提案しています。ヒュッゲと強く結びついている暖かいウールを使っています。ウールは柔らかくて編みやすく、感性を豊かにしてくれます。特定な人を想いながら丁寧に編んだものをプレゼントとして用意することには、大きな喜びが生まれます。

ヘレナさんのクリスマス・イヴの過ごし方

クリスマスには、5歳から80歳までの大家族が一斉に集まります。

我が家では、クリスマス・イヴには大聖堂へ行きます。女王陛下はオーフス(デンマークで2番目に大きな街)でクリスマスをお迎えになり、オーフス大

一般的なクリスマスツリーの飾りつけ

窓辺に飾られたアドヴェントリース

ヘレナさんがデザインしたアドヴェントリース

聖堂で行われるクリスマス・ミサにもご臨席になります。クリスマス・イヴには2回ミサが行われ、どちらのミサにご臨席かは公表されないので、毎年、ドキドキします。

クリスマス・ミサから帰ると、シャンパンを片手に談話します。小さな子どもたちには小さなプレゼントをあげたりします。クリスマスのプレゼントはクリスマスラグの上に置かれたクリスマスツリーの下に溢れんばかりに置かれます。

クリスマス・イヴの晩餐は、オーブンで焼いた鴨の丸焼きにブラウンソース、ゆでじゃがとキャラメルポテト、紫キャベツの甘酢煮、そして、カリカリに焼いた皮もおいしいローストポーク「フレスケスタイ」も用意します。デザートはリ・サラマンで、温かいチェリーソースを添えます。このデザートにはホールアーモンドが隠されていて、うちでは子ども用と大人用のプレゼントを用意しています。みんな、とても楽しみにしているんですよ。

エーブルスキーバとグルッグ

クリスマス・イヴの晩餐

食事が終わると、皆で手をつなぎ、クリスマスツリーをぐるりと囲んで、クリスマスの歌を歌いながらまわります。小さな子どもから大好きなクリスマスの曲を一曲ずつ選ぶのです。最後の曲は、必ず「クリスマスがまたやってきたよ」。皆が手をつないで小走りに家中を巡りながら歌います。その後は、クリスマス・プレゼントの時間。小さなこどもがツリーの下にある贈りものの中から一つを選び、そのパッセージに添えてある宛先の人に渡します。その人が、次の贈りものを選び、その贈りものを受け取るべき人に渡します。このようにして、贈りものは一つずつ渡され、その度に皆がプレゼントを開ける様子を楽しむのです。プレゼントがすべて渡されると、コーヒーやポルト酒、クリスマスの一口菓子を囲みます。そうして、クリスマスイヴが幕を引くのです。家族揃って、幸せと喜びに溢れた至福の夕べです。

パニラさんのクリスマス・イヴの過ごし方

子どもだった頃、クリスマス・ツリーを飾るのは、決まってクリスマス・イヴの前の日でした。クリスマス・ツリーを飾った翌日であるクリスマス・イヴの朝、目が覚めると、もみの木の香りが漂うリビングにどっしりと佇むクリスマスツリーまで駆けつけ、美しく飾られた姿を感嘆しながら眺めたものです。

クリスマス・イヴの晩餐は、毎年、メイン料理として、オーブンで焼いた鴨の丸焼きと、ブラウンソース、ゆでじゃがとキャラメルポテト、温かい紫キャベツの甘酢煮、半割りんごのコンポートに赤すぐりのジュレ、そして、デザートには、リ・サラマンというお米とアーモンドのミルク煮をホイップクリームで和えた一品にチェリーソースと決まっていました。

今は、クリスマスを夫と二人の息子と一緒に過ごします。オーブンで焼いた鴨の丸焼きは変わらないけれど、温かい紫キャベツの甘酢煮はフレッシュな紫キャベツのサラダを添えています。リ・サラマンもアイスクリームやフルーツになりました。クリスマスツリーは、根のついたもみの木を使います。毎年、大きなクリスマスツリーを捨てるのが嫌で、大きな鉢に植えたもみの木を電飾で飾り、12月と1月の2ヶ月間、庭のテラスに置いて楽しんでいます。毎年、繰り返して使います。木が大きくなると、その木は庭に植えています。

JULETRÆSTÆPPE

クリスマス・ラグ

クリスマス・ラグはクリスマスツリーの足元を美しく飾ります。そして、クリスマスツリーの重さで床を傷つけないクッションのような役割も担います。

デンマークでは、クリスマス・イヴの晩餐前に、このラグの上に贈りものが溢れるように置かれます。クリスマス・イヴを一緒に過ごす家族・親族それぞれにお互いが心のこもった贈りものを選びます。

材料・用具・基本情報

糸	ISAGER JENSEN YARN 白(0)、赤(32s)　各500g
針	6mm輪針 80cm(日本の13号相当) 拾い目用棒針(6mm棒針)
ゲージ	ガーター編み 13目x26段(10cm角)
サイズ	直径125cm
しましま編み	赤と白を1畝(往復編みで2段)ずつ交互に編む

クリスマスツリーの下に敷くクリスマス・ラグ

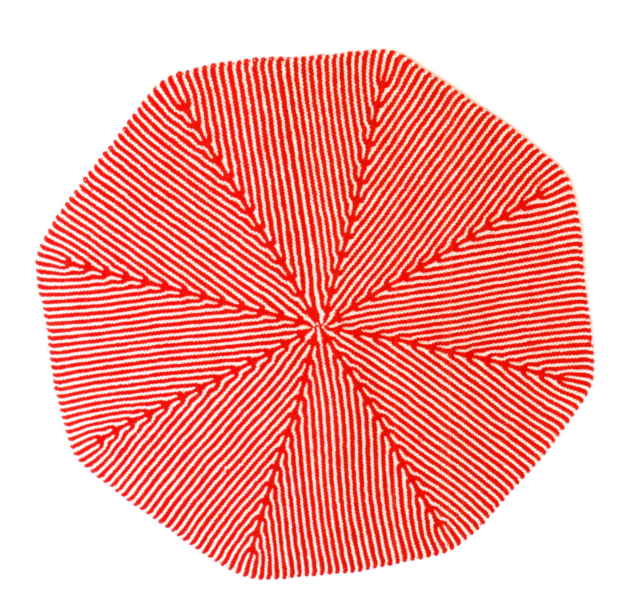

クリスマス・ラグの1模様

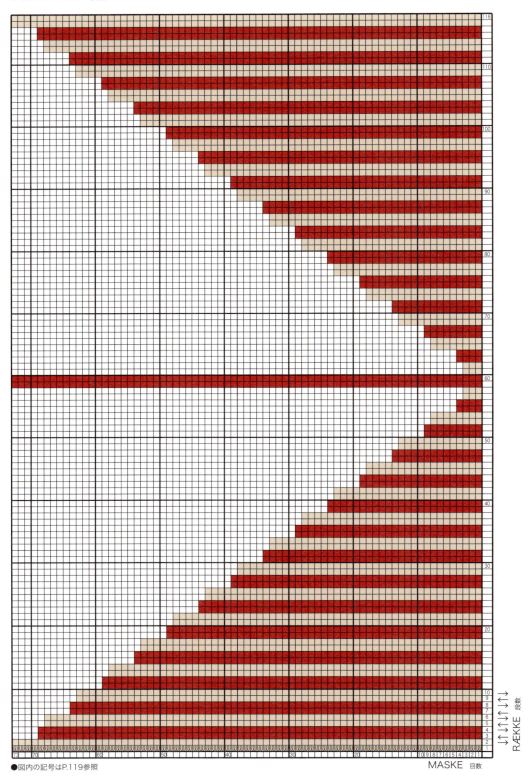

●図内の記号はP.119参照

MASKE 目数

編み方と仕上げ方　糸は2本どりで編む。

<1模様>
1. 1段め（1畝め・表）：白を使って「巻き目の作り目」で73目作り目をする。
2. 2段め（1畝め・裏）：表目で73目編む。
3. 3段め（2畝め・表）：赤で表目を69目編む。残りの4目を針に残したまま、編み地を裏に返す。
4. 4段め（2畝め・裏）：表目で69目編む。
5. 5段め（3畝め・表）：白で表目を68目編む。残りの1目を針に残したまま、編み地を裏に返す。
6. 6段め（3畝め・裏）：表目で68目編む。
7. 7〜58段め（4〜29畝め）：3〜6段めと同じ要領で、赤の段では4目ずつ、白の段では1目ずつ、針に残す目を増やしながら、白と赤を交互にガーター編みして、全部で29畝のしましま模様を作る。
8. 59段め（30畝め・表）：赤で針にかかったすべての目（73目）を表目で編む。
9. 60段め（30畝め・裏）：表目で73目編む。
10. 61段め（31畝め・表）：白で表目を3目編み、編み地を裏に返す。
11. 62段め（31畝め・裏）：表目で3目編む。
12. 63段め（32畝め・表）：赤で表目3目を編み、続けて左針に残しておいた目のうちの1目を編んで、編み地を裏に返す。
13. 64段め（32畝め・裏）：表目で4目編む。
14. 65段め（33畝め・表）：白で表目4目を編み、続けて左針に残しておいた目のうちの4目を編んで、編み地を裏に返す。
15. 66段め（33畝め・裏）：表目で8目編む。
16. 67〜118段め（34〜59畝め）：63〜66段めと同じ要領で、赤の段では1目ずつ、白の段で4目ずつ、編む目を増やしながら、赤と白を交互にガーター編みして、全部で29畝のしましま模様を作る。

<2〜8模様>
17. 1模様の2畝めから59畝めまでを繰り返し編み、下記イラストのように三角形が7枚つながった形に編む。
18. 8模様めの三角形は、116段め（58畝め）まで編む。
19. 作り目を別針で全目拾う。
20. 編み終わりと作り目を中表に突き合わせ、赤で引き抜きはぎをする。
21. 糸端を約20㎝残して糸を切り、糸始末する。

さぁ、クリスマスツリーが飾れますよ。

クリスマス・ラグ 模様の構成

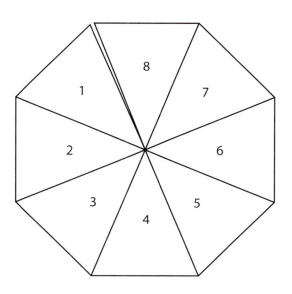

ADVENTSKRANS

アドヴェントリース

アドヴェントリースは、クリスマスにちなむ伝統的な飾りです。「アドヴェント」は、クリスマス前の4回の日曜日を含む期間を指し、クリスマスを迎える準備をします。アドヴェントリースの4本のキャンドルは、クリスマスを迎える期間の4回の日曜日「アドヴェントの日曜日」を象徴します。「アドヴェントの日曜日」には、毎週1本ずつ灯すキャンドルを増やします。家族や友人などと一緒に、心温まるひとときを楽しみます。

材料・用具・基本情報

糸	ISAGER TVINNI 白(0)、赤(32)　各25g
針	3.5mm棒針(日本の4号または5号相当) 拾い目用棒針(3.5mm棒針)
その他	発泡スチロール製リング (外径/内径22cm/12cm) LEDキャンドルライト (高さ25cm・直径2cm) 4本 ※普通のキャンドルも使えます。
ゲージ	ガーター編み 22目×40段 (10cm角)
サイズ	15×60cm (編み終わった編み地の大きさ)
しましま編み	赤と白を1畝(往復編みで2段)ずつ交互に編む

アドヴェントリースを組み立てる

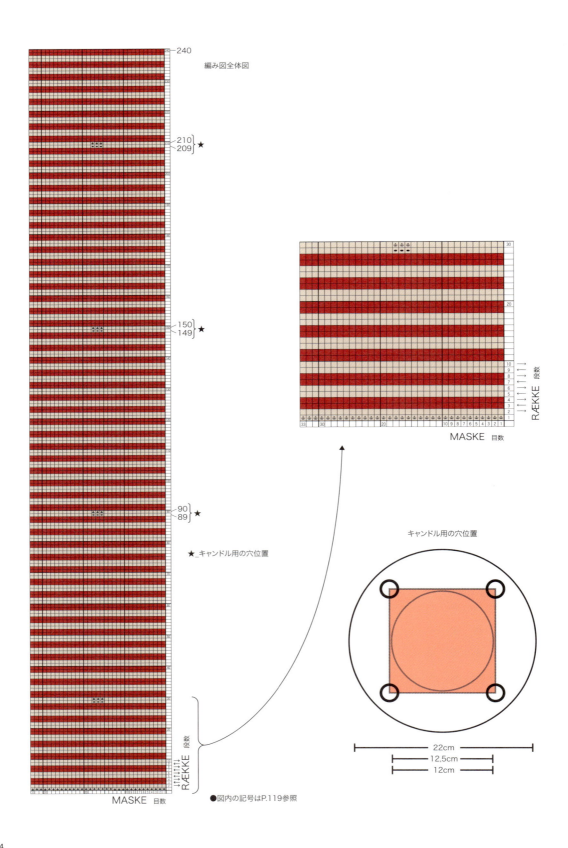

★_キャンドル用の穴位置

キャンドル用の穴位置

●図内の記号はP.119参照

編み方と仕上げ方　糸は2本どりで編む。

編み方 ＜リース本体＞

1. 1段め（1畝め・表）：白を使って「巻き目の作り目」で33目作り目をする。
2. 2段め（1畝め・裏）：表目で33目を編む。
3. 3・4段め（2畝め）：赤でガーター編みを2段編む。
4. 5・6段め（3畝め）：白でガーター編みを2段編む。
5. 7〜28段め（4〜14畝め）：3〜6段めと同じ要領で繰り返し、全部で14畝のしましま模様を編む。
6. 29段め（15畝め・表）：白で15目を表目で編み、3目を「伏せ止め」にし、15目を表目で編む。
7. 30段め（15畝め・裏）：15目を表目で編み、「巻き増し目」で3目を作り、15目を表目で編む。1つめの穴ができる。
8. 31〜88段め（16〜44畝め）：赤と白のしましまを29畝編む。
9. 89段め（45畝め・表）：白で15目を表目で編み、3目を「伏せ止め」にし、15目を表目で編む。
10. 90段め（45畝め・裏）：15目を表目で編み、「巻き増し目」で3目を作り、15目を表目で編む。
11. 91〜210段め（46〜105畝め）：31〜90段めを2回繰り返す。
12. 211〜240段め（106〜120畝め）：赤と白のしましま模様を15畝編む。
13. 別針で作り目（1段め）を全目拾い、編み地を中表に合わせて、作り目と編み終わりの目を赤で「引き抜きはぎ」をする。
14. 糸端を約20cm残して切り、糸始末する。

仕上げ方 ＜リース本体＞

1. 発泡スチロール製リングにキャンドル用の穴をあける。コピー紙などを12.5x12.5cmの正方形に切り抜き、スチロール製リングにあて、リングに正方形の角の部分の印をつける。こうすると、リングに穴を均等に開けることができる。
2. 正方形の角の部分が中心になるよう、直径2cmの円を描き、ホビーナイフで深さ約2cmにくり抜く。
3. リングに編み地を被せる。その際、編み地の表が外に出るように被せ、リングに作った穴と編み地に作った穴が重なるように配置する。
4. 編み地の両端をブランケットステッチでとじる。

編み方 ＜キャンドルホルダー＞

1. 白を使って「巻き目の作り目」で8目作り目をし、2段めを表目で編む。
2. 3・4段めは赤で、ガーター編みを2段、往復編みをする。
3. 続けて、白と赤の畝を交互に編み、赤が最後になるように、全部で16畝のしましま模様をガーター編みで編む。
4. 別針で作り目を全目拾い、編み地を中表に合わせて、作り目と編み終わりの目を赤で「引き抜きはぎ」をする。
5. 糸端を約20cm残して切り、糸始末する。キャンドルホルダーが1個できた。
6. 同様にキャンドルホルダーを合計で4個作る。
7. キャンドルホルダーをそれぞれキャンドルに通し、アドヴェントリースの穴に入れる。

できあがり。これでキャンドルに火を灯せますよ。

JULEHUE

クリスマスのニット帽

たくさんの方にお使いいただけるようにゆるめにデザインした、ウールのニット帽です。ウールは、寒暖の調節と防寒を同時に行えるユニークな機能性を持っています。

材料・用具・基本情報

糸	ISAGER TVINNI 白(0)、赤(32)　各25g
針	2.5mm棒針(日本の1号または2号相当) 拾い目用棒針(2.5mm棒針)
ゲージ	ガーター編み 28目x60段(10cm角)
サイズ	フリーサイズ 30x44cm(編み終わった編み地の大きさ) 高さ23cm・頭周り42cm (縮絨後の仕上がりサイズ)
しましま編み	赤と白を1畝(往復編みで2段)ずつ交互に編む

編み方と仕上げ方

1. 赤を使って「巻き目の作り目」で84目作り目をし、2段めを表目で編む(1畝)。
2. 3・4段め(2畝め)は、白でガーター編みを2段編む。
3. 続けて赤と白の畝を交互に編み、白が最後になるように132畝を編む(合計268段)。
4. 別針で作り目を全目拾い、編み地を中表に合わせて、作り目と編み終わり目を赤の糸で「引き抜きはぎ」をする。
5. 糸端を20cmほど残して切り、糸始末する。
6. 編み地を裏に返し、とじ針に新しい糸(赤・白どちらでもよい)を通し、片方の端の目を1畝ずつ拾う。しっかりと糸を引いてとじ、糸始末する。
7. 帽子を縮絨させる(縮絨方法▶ P.119)。

できあがり。さぁ、帽子をかぶりましょう！

クリスマスにぴったりな暖かい帽子

JULETØRKLÆDE

クリスマスのスカーフ

デンマークでは、寒くなると暖かさを保つためにウール製のスカーフを首に巻きつけます。ここでは、暖かい結び紐つきスカーフをデザインしました。結び紐が素敵なアクセントになりますよ。

材料・用具・基本情報

糸	ISAGER TVINNI 白(0)、赤(32) 各40g
針	2.5mm棒針（日本の1号または2号相当） 2.5mm輪針 80cm
ゲージ	ガーター編み 28目x60段（10cm角）
サイズ	180x18cm （縮絨後の仕上がりサイズ・本体）
しましま編み	赤と白を2畝（往復編みで4段）ずつ交互に編む

しましま編みのすべては、この作品から始まった

結び紐の作り方

①「巻き目の作り方」で110目作り目する。
②本体の畝から282目拾う。
③「巻き増し目」で110目作り目する。

①表目で、赤で1段、白で2段、赤で2段、白で2段、赤で1段編む。
②赤で「伏せ止め」する。
③紐の部分はブランケットステッチでとじ合わせる。
④本体部分は、端をスカーフの長辺に縫いつけ、拾い目位置が隠れるようにする。

編み図(本体)

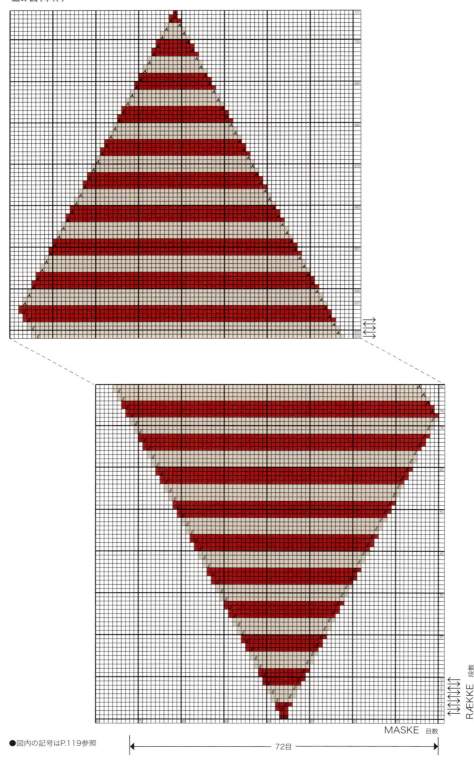

●図内の記号はP.119参照　　72目　　MASKE 目数　RÆKKE 段数

編み方

本体 棒針で編む。1段め（作り目）が裏の段になる。

1. **1段め**：赤を使って「巻き目の作り目」で2目作り目をする。
2. **2段め**：表目を2目編む。
3. **3段め**：表目1目・「ねじり増し目」1目、表目1目を編む。（3目）
4. **4段め**：表目1目・「ねじり増し目」1目・表目2目を編む。（4目）
5. **5段め**：白に替え、表目1目・「ねじり増し目」1目・表目3目を編む。（5目）
6. **6段め**：表目1目・「ねじり増し目」1目・表目4目を編む。（6目）
7. **7段め**：表目1目・「ねじり増し目」1目・表目5目を編む。（7目）
8. **8段め**：表目1目・「ねじり増し目」1目・表目6目を編む。（8目）
9. **9段め**：赤で表目1目・「ねじり増し目」1目・表目7目を編む。（9目）
10. **10段〜72段め**：表目1目・「ねじり増し目」1目・残りの目を表目で編むのを繰り返し、赤と白が交互で4段（2畝）ずつのガーター編みでしましま模様を18本作る。72段（36畝）で72目（白）になる。
11. **73段め**：赤で表目1目・「ねじり増し目」1目・表目71目を編む。（73目）
12. **74段め**：「右上2目一度」1目・残りの目を表目で編む。（72目）
13. **75段め**：赤で表目1目・「ねじり増し目」1目・表目71目を編む。（73目）
14. **76段め**：「右上2目一度」1目・残りの目を表目で編む。（72目）
15. **77段〜636段め**：奇数段では、表目1目・「ねじり増し目」1目・残りの目を表目で編むのを繰り返し、偶数段では、「右上2目一度」を1目編み、残りの1目を表目で編むのを繰り返す。白と赤が交互で4段（2畝）ずつのガーター編みで636段まで編み、しましま模様を159本作る。
16. **637段め**：白で「右上2目一度」を1目編み、残りの目を表目で編む。（71目）
17. **638段め〜707段め**：637段と同じ要領で、白と赤が交互で4段（2畝）ずつのしましま模様を作りながら、707段で1目になるまで編む。
18. 糸を約20cm残して切り、糸始末する。

結び紐 輪針で編む

1. 輪針で、赤を使って「巻き目の作り目」で110目作り目し、続けてスカーフ本体の長辺の端の畝から282目拾い、最後に「巻き増し目」で110目作り目する。輪針にある目は合計で502目、最初と最後の110目が左右の紐になる。
2. 赤1段、白2段、赤2段、白2段、赤1段をガーター編みで編む。
3. 「伏せ止め」をし、糸を約20cm残して切り、糸始末する。

仕上げ方（P.38）

1. 結び紐を長い辺に沿って外表にして半分に折る。
2. 紐の部分は、ブランケットステッチでとじる。
3. 本体部分は、端をマフラーの長辺に縫いつけ、拾い目置が隠れるようにする。
4. 糸を約20cm残して切り、糸始末する。
5. 縮絨させる（縮絨方法▶119）。

できあがり。さぁ、スカーフを巻いてみましょう！

JULESLIPS

クリスマス・ネクタイ

クリスマスの時期には、クリスマスにちなむ着こなしをすることもあります。ここでは、あまり見かけないシンプルなネクタイを作りました。ドレス、シャツ、ウールのセーターのどれにでも合いますよ。

材料・用具・基本情報

糸	ISAGER TVINNI 白(0)、赤(32) 各5g
針	2.5mm棒針(日本の1号または2号相当)
ゲージ	ガーター編み 28目x56段(10cm角)
サイズ	5x144cm
しましま編み	赤と白を3畝(往復編みで6段)ずつ交互に編む

しましまの幅で作品の表情が変わる

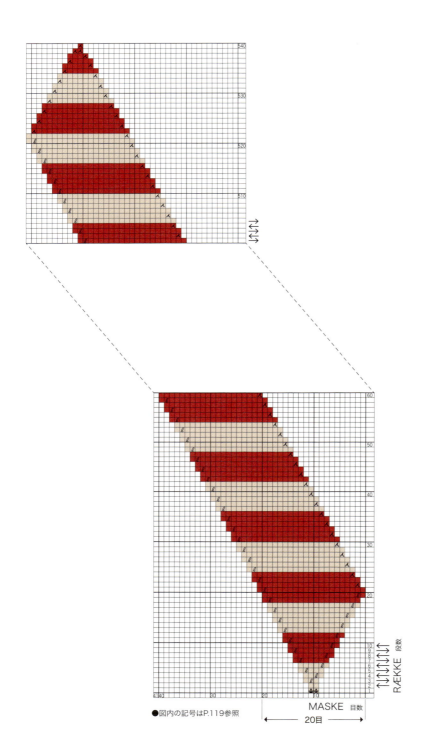

●図内の記号はP.119参照

編み方と仕上げ方　糸は2本どりで編む。1段め（作り目）が裏の段になる。

1. **1段め**: 白を使って「巻き目の作り目」で2目作り目をする。
2. **2段め**: 表目を2目編む。
3. **3段め**: 表目1目・「ねじり増し目」1目、表目1目を編む。（3目）
4. **4段め**: 表目1目・「ねじり増し目」1目、表目2目を編む。（4目）
5. **5段め**: 表目1目・「ねじり増し目」1目、表目3目を編む。（5目）
6. **6段め**: 表目1目・「ねじり増し目」1目、表目4目を編む。（6目）ここまでが1しま（6段・3畝）。
7. **7段め**: 赤に替え、表目1目・「ねじり増し目」1目・残りの目を表目で編む。（7目）
8. **8〜20段め**: 各段で、段の始めに表目1目・「ねじり増し目」1目・残りの目を表目で編むのを繰り返し、赤と白が6段（3畝）ずつ交互になるガーター編みでしましま模様を作る。20段（10畝）で20目（赤）になる。
9. **21段め**: 赤で表目1目・「ねじり増し目」1目・残りの目を表目で編む。（21目）
10. **22段め**: 段の始めで「右上2目一度」1目を編んで、残りの目を表目で編む。（20目）
11. **23・24段め**: 21・22段めと同じ要領でガーター編みをする。（20目）
12. **25〜522段め**: 奇数段は、表目1目・「ねじり増し目」1目・残りの目を表目で編み（21目）、偶数段は「右上2目一度」1目・残りの目を表目でを編む（20目）。白と赤が交互で6段（3畝）ずつのガーター編みで522段まで編み、しましま模様を87本作る。
13. **523段め**: 赤で「右上2目一度」1目・残りの目を表目で編む。（19目）
14. **524〜540段め**: 赤と白が交互で6段（3畝）ずつのガーター編みを、523段めと同じ要領で針に1目残るまで編む。90本のしましま模様ができる。
15. 糸を約20cm残して切り、糸始末する。

できあがり。さぁ、ネクタイが使えますよ！

FUTTER

ルームシューズ

雪が降りしきる中を散歩した後、家に帰ってウール製のルームシューズに足をいれてほっこりするって、なんて気持ちがよいのでしょう！

材料・用具・基本情報

糸	ISAGER TVINNI 白(0)、赤(32)　各75g
針	3.5mm棒針（日本の4号または5号相当） かぎ針6/0号 1.5mm輪針　80cm
ゲージ	ガーター編み　22目x40段（10cm角）
サイズ	フリーサイズ 26cm（縮絨後の仕上がりサイズ）
しましま編み	赤と白を1畝（往復編みで2段）ずつ交互に編む

ルームシューズは、このようにはぐ

赤のアクセントがかわいいルームシューズ

編み図（全体図）

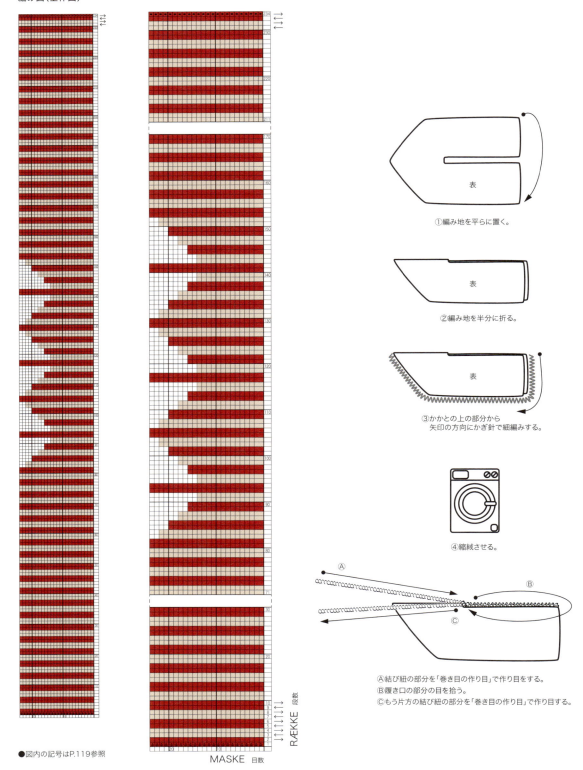

●図内の記号はP.119参照

MASKE 目数
RÆKKE 段数

①編み地を平らに置く。

②編み地を半分に折る。

③かかとの上の部分から矢印の方向にかぎ針で細編みする。

④縮絨させる。

Ⓐ結び紐の部分を「巻き目の作り目」で作り目をする。
Ⓑ履き口の部分の目を拾う。
Ⓒもう片方の結び紐の部分を「巻き目の作り目」で作り目する。

編み方　糸は2本どりで編む。

本体を編む　棒針で編む

<側面>
1. 1・2段め（1畝め）：赤を使って「巻き目の作り目」で24目作り目をし、2段めを表目で24目編む。
2. 3・4段め（2畝め）：白に替え、ガーター編みで2段編む。
3. 5〜82段め（3〜41畝め）：赤と白を交互に2段ずつガーター編みをして、最後の畝が赤になるように41畝を編む。

<つま先>
4. 83・84段め（42畝め）：83段めは、白で表目を22目編む。残りの2目を針に残したまま編み地を裏に返し、84段めを表目ですべて編む。
5. 85〜92段め（43〜46畝め）：編み図にしたがって、赤と白を交互に2段ずつ編む目を減らしながら編む。
6. 93・94段め（47畝め）：赤で針にかかったすべての目（24目）をガーター編みで2段編む。
7. 95〜104段め（48〜52畝め）：編み図にしたがって、赤と白を交互に2段ずつ編む目を増やしながら編む。
8. 105・106段め（53畝め）：赤で針にかかったすべての目（24目）をガーター編みで2段編む。
9. 107〜154段め（54〜77畝め）：83〜106段めを2回繰り返す。

<側面>
10. 155〜234段め（78〜117畝め）：78畝から白と赤を交互に、最後の畝が赤になるようにガーター編みで40畝を編む。「伏せ止め」をして、糸端を約20㎝残して切り、糸始末する。
11. 同様にもう1枚を編む。

底とかかとを作る　かぎ針で編む

1. 編み地を外表にして、つま先中心（赤）から、縞の色を合わせながら、左右対称になるように中央で折る。
2. 編み始めと編み終わりの目を合わせ、かかとをかぎ針で2枚一緒に拾い、細編みを編んではぐ。
3. 畝ごとの目を2枚一緒に拾い、細編みを続けて編んで底をとじる。
4. 糸端を約20㎝残して切り、糸始末する。

縮絨する

指定の方法で編み地を縮絨させる。（縮絨方法▶P.119）

結び紐と履き口を仕上げる　棒針で編む

1. 輪針と赤を使って「巻き目の作り目」で86目作り目をする。
2. 続けて、つま先中央から、1畝につき1目ずつ拾っていく。1周拾ったら、「巻き増し目」で86目を作る。全部で258目が針にかかっている。
3. ガーター編みで11段編む。
4. ゆるめに「伏せ止め」をし、糸端を約20㎝残して切り、糸始末をする。
5. ガーター編みをした11段の長辺を外表に半分に折る。
6. 紐部分はブランケットステッチでとじる。
7. 履き口部分は、裏の拾い目位置が隠れるようにブランケットステッチでかがる。
8. 糸端を約20㎝残して切り、糸始末する。
9. 結び紐を蝶結びにする。

できあがり。さぁ、ルームシューズを履きましょう！

LUFFER

しましまミトン

しましま編みが堪能できるミトンです。寒さが厳しいとき、心まで温かくしてくれますよ。

材料・用具・基本情報

糸	ISAGER TVINNI 白(0)、赤(32)　各35g
針	2mm棒針(日本の0号相当) 休み目用棒針(2mm棒針)
ゲージ	ガーター編み　27目x60段(10cm角)
サイズ	フリーサイズ 長さ30・幅10cm(編み終わりの大きさ) 長さ25cm・幅9.5cm (縮絨後の仕上がりサイズ)
しましま編み	赤と白を1畝(往復編みで2段)ずつ交互に編む

クリスマスを迎える時期には、凍てつく寒さが到来することもある

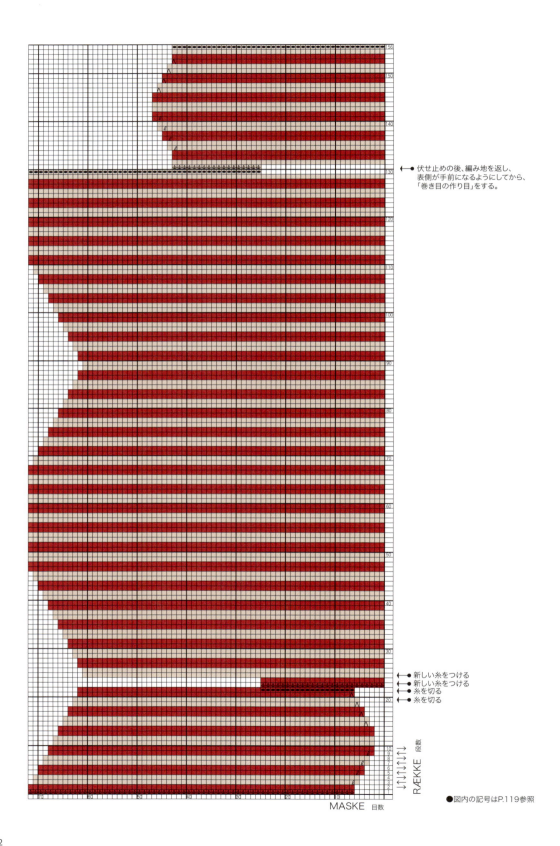

← 伏せ止めの後、編み地を返し、表側が手前になるようにしてから、「巻き目の作り目」をする。

← 新しい糸をつける
← 新しい糸をつける
← 糸を切る
← 糸を切る

● 図内の記号はP.119参照

RÆKKE 段数

MASKE 目数

編み方　親指の部分から編み始めます。
右手・本体

親指内側
1. **1段め（1畝め・表）**：赤を使って「巻き目の作り目」で66目作り目をする。
2. **2段め（1畝め・裏）**：赤で表目を66目編む。
3. **3段め（2段め・表）**：白に替え、段の始めで表目1目・「ねじり増し目」1目を編み、最後の1目手前（64目）まで表目で編む。左針に1目残して裏へ返す。
4. **4段め（2段め・裏）**：表目で66目を編む。

※ 裏の段ではすべての目を表目で編みます（以下同）。

5. **5段め（3段め・表）**：赤で段の始めで表目1目・「ねじり増し目」1目を編み、最後の1目手前（64目／前段で編まずに残した目は数えない）まで表目で編む。左針に1目残して裏へ返す。
6. **6段め（3畝め・裏）**：表目で66目編む。
7. **7～10段め（4～5畝め）**：5・6段めと同じ要領で、白・赤の順で2段（1畝）ごとに色を替えて編む。

※ 裏の段を編む時に、右針に残した目が赤・白・赤と1目ずつ増えていきます。10段めの編み始めで右に残っている目は4目になります。

8. **11段め（6畝め・表）**：白で最後の1目手前まで表目を編む。左針に5目残して裏へ返す。
9. **12段め（6畝め・裏）**：表目で65目編む。
10. **13段め（7畝め・表）**：赤で最後の1目手前まで表目を編む。左針に6目残して裏へ返す。
11. **14段め（7畝め・裏）**：表目で64目編む。
12. **15段め（8畝め・表）**：白で段の始めに「左上2目一度」を1目編み、続けて最後の1目手前まで表目を編む（61目）。左針に7目残して裏へ返す。
13. **16段め（8畝め・裏）**：表目で62目編む。
14. **17～20段め（9、10畝め）**：15・16段めと同じ要領で目を減らしながら、赤・白の順で2段（1畝）ごとに色を替えて編む。20段めは58目になる。白の糸端を約20cm残して糸を切り、糸始末する。
15. **21段め（11畝め・表）**：赤で段の始めに「左上2目一度」を1目編み、続けて最後の1目手前（55目）まで表目を編む。左針に10目残して裏へ返す。
16. **22段め（11畝め・裏）**：表目で37目編み、残りの19目を「伏せ止め」にする。糸を約20cm残して切り、糸始末する。

※「伏せ止め」した部分より下の編み地が親指になります。

本体
17. **23段め（12畝め・表）**：新しい赤をつけ、「巻き目の作り目」で25目作り目をする。
18. **24段め（12畝め・裏）**：裏に返し、表目で25目編む。
19. **25段め（13畝め・表）**：新しい白をつけ、表目で25目を編み、続けて22段で残した目の最後の1目手前（36目）まで表目で編む。合計61目を編んだら、裏へ返す。
20. **26段め（13畝め・裏）**：表目で61目編む。
21. **27段め（14畝め・表）**：赤で表目を61目編み、続けて次の1目（25段めで編まずに残した目）を編む。
22. **28段め（14畝め・裏）**：表目で62目編む。
23. **29段～48段め（15畝～24畝め）**：27・28段めと同じ要領で1目ずつ目を増やしながら、赤と白を交互に2段（1畝）ずつ、ガーター編みを編む。

※ 47段めで「3段めに残した2段めの赤1目」を編むことになり、編み地が袋状の形になります。

24. **49段～68段め（25畝～34畝め）**：白と赤を交互に2段（1畝）ずつ、すべての目（72目）をガーター編みする（増減なし）。
25. **69段め（35畝め・表）**：白で最後の1目手前まで表目で編み、左針に1目残して裏へ返す。
26. **70段め（35畝め・裏）**：表目で71目編む。
27. **71段～90段め（36畝～45畝め）**：69・70段めと同じ要領で、赤と白を交互に2段（1畝）ずつ、ガーター編みを編む。90段めは61目になる。

※ 90段めの編み始めで右針に残る目は11目になります。

28. **91段から112段め（46畝～56畝め）**：27～48段め（14～24畝）と同じ要領で、奇数段で編む目を1目ずつ増やしていく。

※ 111段めで69段めに残した68段めの目を一緒に編むことになり、編み地が袋状の形になります。

29. **113段～128段め（57畝～64畝め）**：白と赤を交互に2段（1畝）ずつ、すべての目（72目）をガーター編みする（増減なし）。
30. **129段め（65畝め・表）**：白で表目を72目編む。
31. **130段め（65畝め・裏）**：最初の47目を「伏せ止め」にする。針に残った25目はそのまま休ませておく。

親指外側
32. **131段め（66畝め・表）**：白を使い、「巻き目の作り目」で18目作り目をする。
33. **132段め（66畝め・裏）**：表目で18目編み、続けて130段めで休ませていた25目を表目で編む。
34. **133・134段め（67畝め）**：赤で43目をガーター編みで2段編む。
35. **135～142段め（68～73畝め）**：編み図にしたがって、目を増やしながら、白・赤の順に色を替えて編む。
36. **143段～146段め（72畝・73畝め）**：白と赤を交互に2段（1畝）ずつ、すべての目（72目）をガーター編みする（増減なし）。
37. **147～154段め（74～154畝め）**：編み図にしたがって、目を減らしながら編む。154段めで43目になる。
38. **155段め（78畝め・表）**：白で表目を43目編む。
39. **156段め（78畝め・裏）**：すべての目を「伏せ止め」する。糸を約20cm残して切り、糸始末する。

〈カフス〉
1. 赤を使って、手首の部分から1畝1目で64目を拾う。
2. しましま模様を44段（22畝）編む。45段めは表目で編み、46段めは「伏せ止め」をする。
3. 糸を約20cm残して切り、糸始末する。

〈ミトン仕上げ〉
1. 脇をはぎ合わせ、ミトンの先、親指の先をとじ合わせる。
2. カフスの端を「ブランケットステッチ」でかがる。
3. 作り目を隠し、しましま模様が11畝見えるように、カフスを外側に折り「ブランケットステッチ」でかがる。
4. ミトンを縮絨する（縮絨方法▶119）。

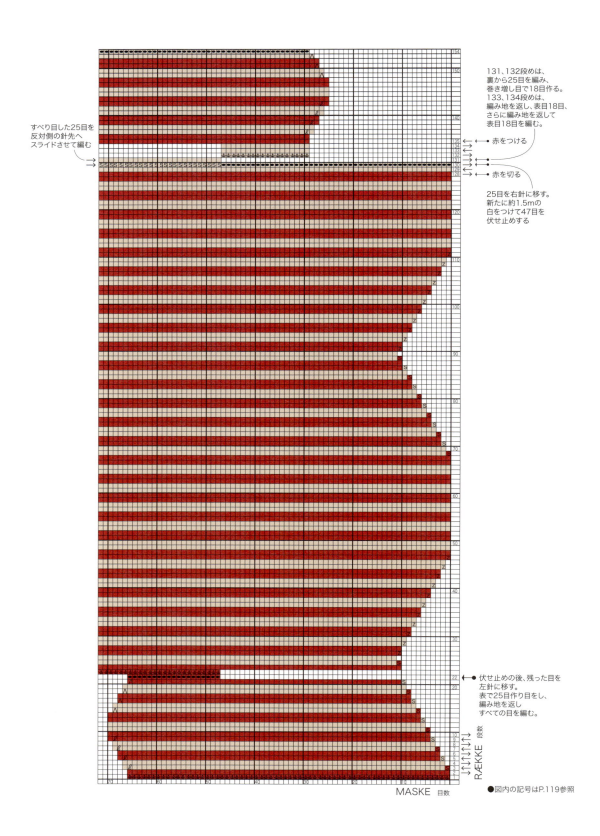

編み方　親指の部分から編み始めます。
左手・本体

赤親指内側
1. 1段め（1畝め・表）：赤を使って「巻き目の作り目」で66目作り目をする。
2. 2段め（1畝め・裏）：表目を66目編む。
3. 3段め（2畝め・表）：1目め（赤）を編まずに右針へ移し（すべり目）、白に替えて2目めから最後の1目手前まで表目を編み（64目）、「ねじり増し目」1目・表目1目を編む。
4. 4段め（2畝め・裏）：表目で赤1目の手前まで編む（66目）。赤1目を左針に残したまま、表へ返す。
5. 5段め（3畝め・表）：1目め（白）を編まずに右針へ移し（すべり目）、2目めから最後の1目手前まで表目を編み、「ねじり増し目」・表目1目を編む。
6. 6段め（3畝め・裏）：表目で白1目（5段めで編まずにすべらせた目）の手前まで編む（66目）。右針に目を残したまま（白1目・赤1目）、表へ返す。
7. 7〜10段め（4、5畝め）：5・6段めと同じ要領で、白・赤の順で2段（1畝）ごとに色を替えて編む。
8. 11〜14段め（6、7畝め）：白・赤の順で2段（1畝）ごとに色を替えながら、奇数段は編み始めですべり目1目・残りの目を表目で編み、偶数段は前段のすべり目の手前まで表目で編んで、表に返す。
9. 15〜20段め（8〜10畝め）：白・赤の順で2段（1畝）ごとに色を替えながら、奇数段は編み始めですべり目1目・最後の2目手前まで表目・「左上2目一度」1目を編み、偶数段は前段のすべり目の手前まで表目で編んで、表に返す。
10. 21段め（11畝め・表）：すべり目1目・赤で最後の2目手前まで表目・「左上2目一度」1目を編む。
11. 22段め（11畝め・裏）：19目を「伏せ止め」する。左針に残った目は38目になる。表に返す。

本体
12. 23段め（12畝め・表）：赤で「巻き目の作り目」で25目作り目をする。
13. 24段め（12畝め・裏）：表目で25目編む。続けて、21段めで残した37目を表目で編み（62目）、表に返す。
14. 25段め（13畝め・表）：すべり目1目・白で残りの目を表目で編む（61目）。
15. 26段め（13畝め・裏）：表目で61目編み、表に返す。
16. 27段め（14畝め・表）：赤で、25段めですべり目にした赤1目を編み、続けて残りの目（61目）も表目で編む。
17. 28段め（14畝め・裏）：表目ですべての目（62目）を編む。
18. 29〜48段め（15〜24畝め）：27・28段めと同じ要領で、白と赤を交互に2段（1畝）ずつ、色を替えながら編む。

※47段めで3段めですべり目にした赤1目を編むことになり、編み地が袋状の形になります。

19. 49〜68段め（25〜34畝め）：白と赤を交互に2段（1畝）ずつ、すべての目（72目）をガーター編みする（増減なし）。
20. 69〜90段め（36〜45畝め）：白と赤を交互に2段（1畝）ずつ、奇数段ではすべり目1目・残りの目を表目で編み、偶数段は前段のすべり目の手前まで表目で編んで、表に返す。
21. 91段〜112段め（46〜56畝め）：27〜48段め（13〜24畝め）と同じ要領で、奇数段で編む目を1目ずつ増やしていく。

※111段めで69段めですべり目にした赤1目を編むことになり、編み地が袋状の形になります。

22. 113段〜128段め（57〜64畝め）：白と赤を交互に2段（一畝）ずつ、すべての目（72目）をガーター編みする（増減なし）。赤の糸を約20cm残して切り、糸始末をする。
23. 129段め（65畝め・表）：白ですべての目（72目）を表目で編む。
24. 130段め（65畝め・裏）：最初の25目を休み目用針に移動させる。新しい白（約1.5m）をつけ、残りの47目を「伏せ止め」する。糸を約20cm残して切り、糸始末する。

親指外側
25. 131段め（66畝め・裏）：129段めで休ませていた白で、休め目用針に移動させた25目を表目で編む。
26. 132段め（作り目・裏）：続けて131段めの白を使い、「巻き増し目」で18目作る。
27. 133段め（66畝め・表）：白で表目を18目編んで、裏に返す。
28. 134段め（66畝め・裏）：白で表目を18目編む。

※しましま模様の縞合わせを調整するため、18目の畝を作ります。132段めの作り目は畝には含めません。

29. 135・136段め（67畝め）：赤に替え、表目で43目（134段めの18目と131段めの25目）をガーター編みで編む。
30. 137〜144段め（68〜72畝め）：編み図にしたがって、目を増やしながら、白・赤の順に色を替えて編む。
31. 145段〜148段め（73畝・74畝め）：赤と白を交互に2段（1畝）ずつすべての目（47目）をガーター編みする（増減なし）。
32. 149〜152段（75、76畝め）：編み図にしたがって目を減らしながら、白・赤の順に色を替えて編む。
33. 153段め（77畝め・表）：白で「左上2目一度」1目・残りの目（43目）を表目で編む。
34. 154段め（77畝め・裏）：すべての目を「伏せ止め」する。最後の2目は左上2目一度を編んでから目を伏せる。糸を約20cm残して切り、糸始末する。

＜カフス＞
1. 赤を使って、手首の部分から1畝1目で64目を拾う。
2. しましま模様を44段（22畝）編む。45段めは表目で編み、46段めは「伏せ止め」をする。
3. 糸を約20cm残して切り、糸始末をする。

＜ミトン仕上げ＞
右手と同様に仕上げる。

STRIK KEDE STRI BER HJEMME

しましま編み
おうちこもの

ヒュッゲは、いろいろな形で存在します。人によっても、ヒュッゲの感じ方は異なります。共通しているのは、心の状態。心が満たされた時に感じる、幸せで温かな気持ちと、本来の自分のままでいることができる穏やかな安らぎがある空間です。この章では、暮らしが心地よくなるこものをご紹介します。私たちならではのデザインや色の組み合わせをお楽しみくださいね。

私たちにとってのヒュッゲは、編みもの。編みものに向かっている時の穏やかなひとときが大好きです。作る喜びと誰かに喜んでもらえることを思い浮かべる喜びは格別です。

TEHÆTTE

ティーコゼー

デンマークの家庭では、ティーコゼーをよく使います。ポットに入っているお茶を保温する役割だけではなく、キッチンや食卓を華やかにしてくれる要素でもあるからです。

材料・用具・基本情報

糸	ISAGER TVINNI ①27s(50g)/②15s(50g) / ③28(20g) (P.121 色の組み合わせ F) ※別の配色もP.121で提案しています。
針	3mm棒針(日本の3号相当) 4mm棒針(日本の6号または7号相当)
その他	木製カーテンレール・リングランナー (外径53mm・内径33mm)1個
ゲージ	ガーター編み 36目x44段(10cm角)
サイズ	高さ21cm、幅24cm (本体のみ、つまみ抜き)
しましま編み	同じ段で色を替えるため、 縦にしましまができる

同じカラーリングのティーコゼーとエッグウォーマー

編み方　糸は2本どりで編む。

本体
- 本体部を2枚編んで合わせてとじます。
- ティーポットの注ぎ口と持ち手用の穴も作ります。
- 「プリーツ編み」という技法で、立体感と保温性が生まれます。

1. **1～4段め**: 4mm針を使い、③で「指でかける作り目」で86目作り目し、ガーター編みで3段編む。糸端を約20cm残して切る。
2. **5段め**: ①表目1目・②表目6目・表目6目を繰り返し、最後の目を②表目で編む。
3. **6段め**: ②表目1目・①表目6目・表目6目を繰り返し、最後の目を①表目で編む。

※色を替えるとき、糸が常に裏側に来るようにします。

4. **7～52段め**: 2と3を繰り返す。
5. **53段め**: ①表目1目・②表目4目・②「左上2目一度」・①表目4目・①「左上2目一度」を繰り返し、最後の目を②表目で編む。
6. **54段め**: ②表目1目・①表目5目・②表目5目を繰り返し、最後の目を①表目で編む。
7. **55段め**: ①表目1目・②表目5目・①表目5目を繰り返し、最後の目を②表目で編む。
8. **56～58段め**: 6と7を繰り返す。
9. **59段め**: ①表目1目・②表目3目・②「左上2目一度」・①表目3目・①「左上2目一度」を繰り返し、最後の目を②表目で編む。
10. **60段め**: ②表目1目・①表目4目・②表目4目を繰り返し、最後の目を①表目で編む。
11. **61段め**: ①表目1目・②表目4目・①表目4目を繰り返し、最後の目を②表目で編む。
12. **62～64段め**: 10と11を繰り返す。
13. **65段め**: ①表目1目・②表目2目・②「左上2目一度」・①表目2目・①「左上2目一度」を繰り返し、最後の目を②表目で編む。
14. **66段め**: ②表目1目・①表目3目・②表目3目を繰り返し、最後の目を①表目で編む。
15. **67段め**: ①表目1目・②表目3目・①表目3目を繰り返し、最後の目を②表目で編む。
16. **68段め**: ②表目1目・①表目3目・②表目3目を繰り返し、最後の目を①表目で編む。
17. **69段め**: ①表目1目・②表目1目・②「左上2目一度」・①表目1目・①「左上2目一度」を繰り返し、最後の目を②表目で編む。
18. **70段め**: ②表目1目・①表目2目・②表目2目を繰り返し、最後の目を①表目で編む。
19. **71段め**: ①表目1目・②表目2目・①表目2目を繰り返し、最後の目を②表目で編む。
20. **72段め**: ②表目1目・①表目2目・②表目2目を繰り返し、最後の目を①表目で編む。
21. **73段め**: ①表目1目・②「左上2目一度」・①「左上2目一度」を繰り返し、最後の目を②表目で編む。
22. **74段め**: ②表目1目・①表目1目・②表目1目を繰り返し、最後の目を①表目で編む。①の糸端を20cmほど残して切る。
23. **75段め**: ②「左上二目一度」で編み、糸端を20cmほど残して切り、糸端の位置から逆方向に向かって、すべての目（8目）に通して糸始末する。
24. もう一枚も同じように編む。

つまみ

1. **1段め**: 3mm針を使い、③で「巻き目の作り目」で7目作り目をする。
2. **2段め**: 表目で7目編む。
3. **3段め**: 表目で6目編む。1目残したまま編み地を返す。
4. **4段め**: 表目で6目編む。
5. **5段め**: 表目で7目編む。
6. **6段め**: 表目で6目編む。1目残したまま編み地を返す。
7. **7段め**: 表目で6目編む。
8. **8～67段め**: 2段めから7段めを繰り返す。
9. **68段め**: 表目で7目編む。（34畝）
10. **69段め**: すべての目を「伏せ止め」する。

※中に入れるリングの形に合いやすくするため、3段ごとに1目残したまま編み地を返します。

仕上げ方

1. 「ガーターはぎ」で、つまみの両端をはぎ合わせる。
2. リングランナーをはぎ合わせが内側になるように包み、「ガーター編みのすくいとじ」でとじる。

※リングランナーについているひっかけの部分に、「ガーター編みのすくいとじ」でとじた部分がくると、きれいに仕上がります。

3. 糸始末する。
4. ①でティーコゼー本体の両脇を「ガーター編みのすくいとじ」でとじる。注ぎ口と持ち手用の穴を考慮する。
5. 本体の糸始末をする。
6. つまみをティーコゼーにつける。

※リングランナーについているひっかけの部分がティーコゼー本体と接触する部分にくるようにつけると、きれいに仕上がります。

できあがり。これでお茶が冷めにくくなりますよ。

ÆGGEVARMER

エッグウォーマー

デンマークでは、週末の朝ごはんをゆっくり過ごす習慣があります。休みの日ならではの豊かなひとときは格別。週末ならではのパンのある食卓によく登場する一品は、茹で時間5分で作る半熟卵。エッグスタンドに立てた卵のてっぺんをスプーンで叩き、上の部分だけを剥がして、スプーンでそっとすくいながら食べる卵料理です。作りたての温かい卵が冷めては残念ですね。そこで、卵が冷めにくいように帽子のようなエッグウォーマーを作りました。

材料・用具・基本情報

糸	ISAGER TVINNI 3色配合 各色 5g A: ①28 ②3 ③25s B: ①10 ②1s ③46 C: ①28 ②27s ③22 D: ①54 ②39s ③22 E: ①35s ②46 ③54 F: ①27s ②15s ③28 G: ①10 ②15s ③27s ※P.121で写真による色の組み合わせをご紹介しています。
針	2.5mm棒針(日本の1号または2号相当) No.2かぎ針(日本の2/0号相当)
その他	プラスチック製手芸用透明リング 直径15mm(つまみ用)
ゲージ	ガーター編み 25目×64段(10cm角)
サイズ	高さ6cm、幅6cm(本体のみ、つまみ抜き)
しましま編み	同じ段で色を替えるため、 縦にしましまができる

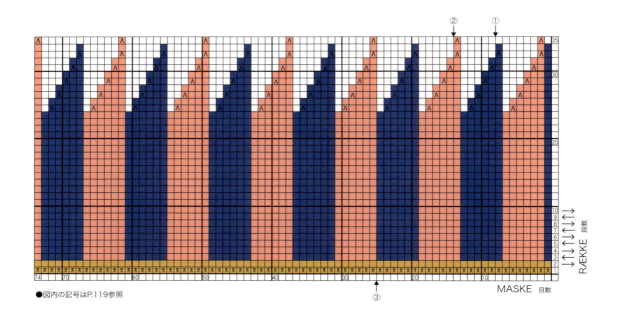

●図内の記号はP.119参照

プリーツ編みの表側と裏側

編み方

本体
- 本体は1枚で編み端をとじます。
- 「プリーツ編み」という技法で、立体感と保温性が生まれます。

1. 1段め: ③で「指でかける作り目」で74目作り目する。
2. 2段め: 表目で編む。糸端を約20cm残して切る。
3. 3段め: ①表目1目・表目6目・①表目6目を繰り返し、最後の目を②表目で編む。
4. 4段め: ②表目1目・①表目6目、表目6目を繰り返し、最後の目を①表目で編む。
5. 5〜24段め: 3と4を繰り返す。
6. 25段め: ①表目1目・②表目4目・②「左上2目一度」・①表目4目・①「左上2目一度」を繰り返し、最後の目を②表目で編む。
7. 26段め: ②表目1目・①表目5目・②表目5目を繰り返し、最後の目を①表目で編む。
8. 27段め: ①表目1目・②表目3目・②「左上2目一度」・①表目3目・①「左上2目一度」を繰り返し、最後の目を②表目で編む。
9. 28段め: ②表目1目・①表目4目・②表目4目を繰り返し、最後の目を①表目で編む。
10. 29段め: ①表目1目・②表目2目・②「左上2目一度」・①表目2目・①「左上2目一度」を繰り返し、最後の目を②表目で編む。
11. 30段め: ②表目1目・①表目3目・②表目3目を繰り返し、最後の目を①表目で編む。
12. 31段め: ①表目1目・②表目1目・②「左上2目一度」・①表目1目・①「左上2目一度」を繰り返し、最後の目を②表目で編む。
13. 32段め: ②表目1目・①表目2目・②表目2目を繰り返し、最後の目を①表目で編む。
14. 33段め: ①表目1目・②「左上2目一度」・①「左上2目一度」を繰り返し、最後の目を②表目で編む。
15. 34段め: ②表目1目・①表目1目・②表目1目を繰り返し、最後の目を①表目で編む。①の糸端を約20cm残して切る。
16. 35段め: ②「左上2目一度」で編み、糸端を約20cm残して切り、糸端の位置から逆方向に向かって、すべての目(7目)に通して糸始末する。

つまみ
1. リングの周りに③で細編みを24目編む。
2. 最初の目に糸をくぐらせ、目を引き締める。糸端を約10cm残して切り、糸始末をする。

仕上げ方

1. ①を使って本体の脇を「ガーター編みのすくいとじ」でとじる。
2. 糸始末する。
3. つまみを本体につける。

できあがり。これで温かい卵が冷めにくくなりますよ。

ふるふる卵を温かいままで楽しむ工夫

PÅSKEÆG

イースターエッグ

長い冬を越して、だんだん日が長くなってくると、鶏が卵を産み始めます。それは、すばらしい春の知らせでした。本格的な春の訪れを待つこの時期、居間などに装飾を施した卵を枝に吊るして飾る習慣があります。ここでは、さまざまな色で編んだ卵をデザインしました。春の訪れをイースターエッグと一緒に待ちわびてみませんか？

材料・用具・基本情報

糸	ISAGER TVINNI 3色配合 ①②各5g ③少量 A: ①28 ②3 ③25s B: ①10 ②1s ③46 C: ①28 ②27s ③22 D: ①54 ②39s ③22 E: ①35s ②46 ③54 F: ①27s ②15s ③28 G: ①10 ②15s ③27s ※P.121で写真による色の組み合わせをご紹介しています。
針	2mm棒針（日本の0号相当） 拾い目用棒針（2mm棒針） No.2かぎ針（日本の2/0号相当）
その他	発泡スチロール製卵型（白） 高さ7cm、直径5cm
ゲージ	ガーター編み 27目x60段（10cm角）
サイズ	7x12cm（本体のみ、ひもなし）
しましま編み	①と②で1畝ずつ交互に編む。

編み方と仕上げ方
<イースターエッグ>

1. ①で「巻き目の作り目」で20目作り目をし、次の段を表目で編む。
2. 3段目は②をつけてガーター編みで2段往復編みをする（1畝）。
3. 続けて①と②の畝を交互に編み、②が最後になるように68段（34畝）を編む。
4. 別針で作り目を全目拾う。
5. 編み地を中表に折り、作り目と編み終わりの目を突き合わせ、②で「引き抜きはぎ」をする。
6. 糸端を20cmほど残して切り、糸始末をする。
7. 編み地を表に返す。
8. 編み地の片端の畝をぐるりと拾い、隙間ができないように、しっかりと糸を引いてとじる。
9. スチロール製の卵を中に入れ、もう片方の端も8.と同じようにとじる。

<吊るしひも>

1. ③で鎖編みを34目作る。
2. 1目めに引き抜いて輪にする。
3. 糸端を切って引き抜き、糸始末をする。
4. イースターエッグにつける。

できあがり。枝にイースターエッグを吊るしましょう。

BLADE MED STILK

茎つき葉っぱ

長く暗い冬が過ぎてゆき、太陽の光と木々に芽吹く緑がとても待ち遠しい頃、木の枝に編んだ葉を飾ると、一足先に春の喜びを楽しむことができますね。

材料・用具・基本情報

糸	ISAGER TVINNI 葉:①と② 茎:③　各10g （P.121 色の組み合わせ G） ※別の配色もP.121で提案しています。
針	1.5mm棒針
その他	園芸用ワイヤー（直径3mm）30cm
ゲージ	ガーター編み 43目x83段（10cm角） メリヤス編み 38目x50段（10cm角）
サイズ	葉の部分: 7.5x4.2cm（仕上がり時） 茎の部分: 17x0.8cm（編み上がり時）
しましま編み	2色で1畝ずつ交互に編む。

春の息吹を感じる新緑

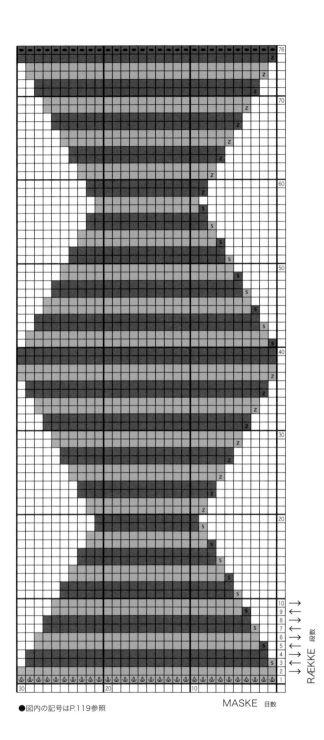

●図内の記号はP.119参照

MASKE 目数

RÆKKE 段数

70

編み方

本体（葉）

1. 1段め（1畝め・表）：①で「巻き目の作り目」で30目作り目をする。
2. 2段め（1畝め・裏）：表目ですべての目（30目）編む。
3. 3段め（2畝め・表）：すべり目1目・①で最後の1目手前まで（この段では28目）表目・左針に1目残して編み地を裏へ返す。
4. 4段め（2畝め・裏）：表目ですべての目（28目）を編む。（前段で編まずに右針に移した目は数えない・以下同）
5. 5〜20段め（3〜10畝め）：3・4段めと同じ要領で、①、②の順で2段（1畝）ごとに色を替えながら、奇数段では編み始めですべり目1目・最後の1目手前まで表目を編んで編み地を返し、偶数段ではすべての目を表目で編む。
6. 21段め（11畝め・表）：19段めですべり目した1目を左針に移し、①で表目を1目編む。続けて12目編み、針に残しておいた18段めの最後の目を表目で1目編む。

※ ここから編み地が袋状の形になります。

7. 22段め（11畝め・裏）：表目ですべての目（14目）を編む。
8. 23〜38段め（12〜19畝め）：編み図にしたがって、21段めと22段めと同じ要領で、2段（1畝）ごとに色を替えながら編む。
9. 39段め（20畝め・表）：②に替え、表目ですべての目（30目）を編む。
10. 40段め（20畝め・裏）：表目ですべての目（30目）を編む。
11. 41〜75段め（21畝め〜38畝め）：編み図にしたがって、3段めから37段めと同じ要領で、2段（1畝）ごとに色を替えながら編む。
12. 76段め（38畝め・裏）：すべての目を「伏せ止め」する。38本の畝ができる。葉の仕上げができるように、約30cm残して糸を切る。
13. もう一枚、作る。

茎

1. ③で「巻き目の作り目」で65目作り目をする。
2. 続けて4段をメリヤス編みで編む。
3. すべての目を「伏せ止め」する。
4. 糸端を約20cm残して切る。ワイヤーを入れた後の始末ができるように、片方の糸は約30cm残して切る。
5. もう片方の糸を糸始末する。

仕上げ方

1. 葉の編み地の両端が裏側中央にくるようにたたむ。
2. 葉の中に園芸用ワイヤーを入れることができるよう2cmくらいをあけて、編み地の両端を「ガーターはぎ」ではぐ。
3. もう一枚の葉っぱも同じように準備する。
4. 園芸用ワイヤーを30cmにカットする。
5. 茎の編み地の裏側が表になるようワイヤーを包み、「ブランケットステッチ」でとじる。
6. 編み地から出ているワイヤーを葉の中に入れ、葉の裏側中央をすべてはぐ。
7. 葉から出ている茎の周りをかがる。
8. もう1枚の葉っぱも同じ要領で仕上げる。

できあがり。枝を飾りましょう。

作品の仕上がり（表と裏）

BORDLØBER

テーブルランナー

部屋を美しく飾るテーブルランナーです。テーブルクロスと一緒でも使えますし、テーブルランナーだけでも使えます。

材料・用具・基本情報

糸	ISAGER TRIO 2 （麻50%、綿30%、リオセル20%） ①Granit(70g)/②Lemon(70g)/ ③Petroleum(20g)
針	2mm輪針 80㎝（日本の0号相当）
ゲージ	ガーター編み 26目x48段（10㎝角）
サイズ	32㎝x82㎝（縁なしで）
しましま編み	a: 細いしましま編み ①と②で1畝ずつ交互に編む b: 太いしましま編み ①と②で2畝ずつ交互に編む

縁の仕上げ方

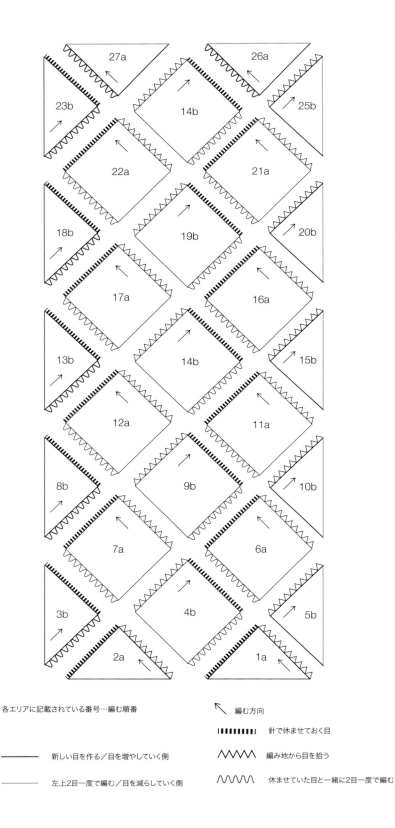

各エリアに記載されている番号…編む順番

↗ 編む方向

||||||||| 針で休ませておく目

――― 新しい目を作る/目を増やしていく側

――― 左上2目一度で編む/目を減らしていく側

∧∧∧∧ 編み地から目を拾う

∧∧∧∧ 休ませていた目と一緒に2目一度で編む

編み方

本体の編み方

a（細いしましま編み）
1. **1段め**: 輪針で①を使って「巻き目の作り目」で2目作り目する。
2. **2段め**: 表目2目を編む。
3. **3段め**: ②に替え、表目1目・「ねじり増し目」1目・表目1目を編む。(3目)
4. **4段め**: 表目ですべての目を編む。
5. **5段め**: ①に替え、最後の1目手前まで表目・「ねじり増し目」1目・表目1目を編む。(4目)
6. **6段め**: 表目ですべての目を編む。
7. **7～58段め**: ②と①を交互に2段（1畝）ずつ、奇数段で1目増やしながら、ガーター編みで、30目になるまで編む。
8. **59・60段め**: ガーター編みで往復編みをし、(増し目なし) 編み目を針に残したまま、糸を約20cm残して切る。(しましま30本)

2a（細いしましま編み）
1. **1段め**: 1aの編み目を針に残したまま、①を使って「巻き目の作り目」で2目作り目する。
2. **2～60段め**: 1aと同じ要領で編み、編み目を針につけたまま、糸を約20cm残して切る。(しましま30本)

3b（太いしましま編み）
1. **1段め**: 1aと2aの編み目を針につけたまま、①を使って「巻き目の作り目」で2目作り目する。
2. **2段め**: 表目1目を編み、次の目を2aの60段め・左端の目と一緒に「右上2目一度」で編む。(2目)
3. **3段め**: 表目で1目・「ねじり増し目」1目・表目1目を編む。(3目)
4. **4段め**: 最後の1目手前まで表目で編み、最後の目を2aの目と一緒に「右上2目一度」で編む。
5. **5段め**: ②で表目2目・「ねじり増し目」1目・表目1目を編む。(4目)
6. **6段め**: 最後の1目手前まで表目で編み、最後の目を2aの目と一緒に「右上2目一度」で編む。
7. **7～58段め**: 5・6段めと同じ要領（奇数段では、最後の1目手前まで表目・「ねじり増し目」1目・表目1目、偶数段では、最後の1目手前まで表目で編み、2aの目と一緒に「右上2目一度」）で、①と②を交互に4段（2畝）ずつのガーター編みで編む。
8. **59・60段め**: ガーター編みで往復編みをし、編み目を針に残したまま、糸を約20cm残して切る。(しましま15本)

4b（太いしましま編み）
1. **1段め**: ①で、2aの表・右脇の各畝から1目ずつ拾う。(30目)
2. **2段め**: 表目で29目を編み、最後の目と1a最終段の目を一緒に「右上2目一度」で編む。
3. **3段め**: 表目30目を編む。
4. **4段め**: 表目29目を編み、最後の目と1a最終段の目を一緒に「右上2目一度」で編む。
5. **5～60段め**: 3・4段めと同じ要領で、2畝ずつ色を替えて編む。60段めは編み目を針につけたまま、糸を約20cm残して切る。(しましま15本)

5b（太いしましま編み）
1. **1段め**: ①で1aの表・右脇の各畝から1目ずつ拾う。(30目)
2. **2段め**: 最後の2目手前まで表目で編み、「左上2目一度」を編む。
3. **3段め**: 表目ですべての目を編む。
4. **4～59段め**: 2・3段めと同じ要領（偶数段は、2目手前まで表目・「左上2目一度」、奇数段はすべて表目）で、2畝ずつ色を替えながら編む。
5. **60段め**: 残った1目を表目で編み、糸を約20cm残して切る。(しましま15本) 針に残った1目に糸端を通し、目を引き締める。

6a（細いしましま編み）
1. **1段め**: 5bの表・左脇から29目を拾う。4bから最後の1目を拾う。(30目)
2. **2段め**: 表目ですべての目を編む。
3. **3段め**: ②に替え、最後の1目手前まで表目で編み、最後の目と4bの目を一緒に「左上2目一度」で編む。
4. **4～59段め**: 2・3段めと同じ要領で、1畝ずつ色を替えて編む。
5. **60段め**: 表目ですべての目を編み、編み目を針につけたまま、糸を約20cm残して切る。(しましま30本)

7a（細いしましま編み）

1. **1段め**：4bの表・左脇から①で29目を拾う。3bから最後の1目を拾う。（30目）
2. **2段め**：表目ですべての目を編む。
3. **3段め**：②に替え、最後の1目手前まで表目で編み、最後の目と3b・60段めの目を一緒に「左上2目一度」で編む。
4. **4〜59段め**：2〜3と同じ要領で、1畝ずつ色を替えて編む。
5. **60段め**：表目ですべての目を編む。編み目を針につけたまま、糸を約20cm残して切る。

8b – 9b – 10b：
3b – 4b – 5bと同じ要領で編む。

11a – 12a：
6a – 7aと同じ要領で編む。

13b – 14b – 15b：
3b – 4b – 5bと同じ要領で編む。

16a – 17a：
6a – 7aと同じ要領で編む。

18b – 19b – 20b：
3b – 4b – 5bと同じ要領で編む。

21a – 22a：
6a – 7aと同じ要領で編む。

23b – 24b – 25b：
3b – 4b – 5bと同じ要領で編む。

26a：（細いしましま編み）

1. **1段め**：25bの表・左脇から29目を拾い、24bから最後の1目を拾う。（30目）
2. **2段め**：最後の2目手前まで表目で編み、「左上2目一度」を編む。
3. **3段め**：②に替え、最後の1目手前まで表目で編み、最後の目と24bの最終段の目を一緒に「左上2目一度」で編む。
4. **4〜59段め**：2・3段めと同じ要領で、1畝ずつ色を替えて編む。
5. **60段め**：残った1目を表目で編み、糸を約20cm残して切る。針に残った1目に糸端を通し、目を引き締める。

27a：（細いしましま編み）
26aと同じ要領で編む。

縁の編み方　往復で編む

1. **1段め**：③を使って、表側から、短辺を60目、長辺を150目拾い、4辺合わせて420目、拾い目をする。
2. **2段め**：編み地を返し、裏を見て編む。表目1目・「ねじり増し目」・表目148目・「ねじり増し目」・表目2目・「ねじり増し目」・表目58目・「ねじり増し目」・表目2目・「ねじり増し目」・表目148目・「ねじり増し目」・表目2目・「ねじり増し目」・表目58目・「ねじり増し目」・表目1目を編む。合わせて8目増し目をする。
3. **3段め**：編み地を返し、表を見て編む。表目ですべての目を編む。
4. **4段め**：編み地を返し、裏を見て編む。表目1目・「ねじり増し目」・表目150目・「ねじり増し目」・表目2目・「ねじり増し目」・表目60目・「ねじり増し目」・表目2目・「ねじり増し目」・表目150目・「ねじり増し目」・表目2目・「ねじり増し目」・表目60目・「ねじり増し目」・表目1目を編む。合わせて8目増し目をする。
5. **5段め**：編み地を返し、表を見て編む。表目ですべての目を編む。
6. **6段め**：編み地を返し、すべての目をゆるめに「伏せ止め」する。糸を約20cm残して切る。

仕上げ方

1. 余り糸で編み始めの角をとじる。
2. 糸始末をする。

できあがり。さぁ、テーブルを飾りましょう。

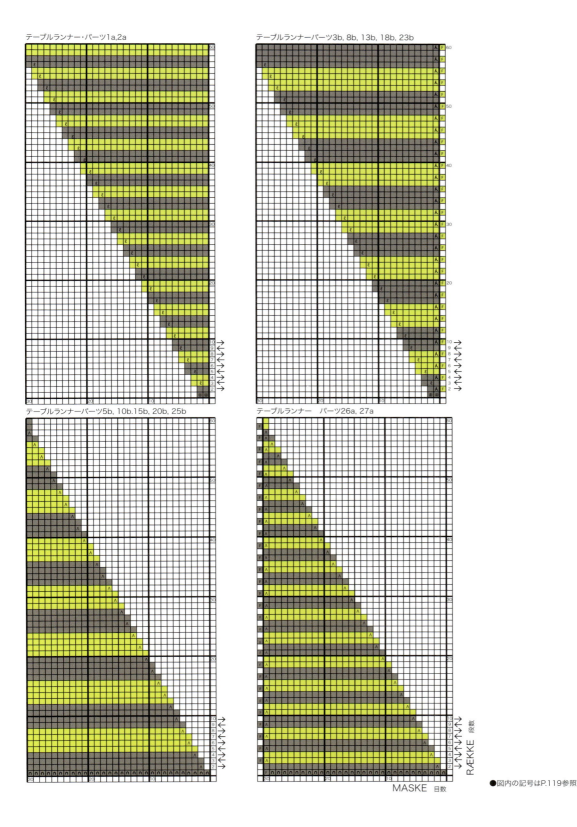

HYGGE SOK

ヒュッゲ・ソックス

デンマークには、靴下を編むのが大好きな人が多く、美しい靴下のバリエーションが無限に存在します。私たちのガーター編みソックスは、足の甲ではぐことを意匠に利用して美しく仕上げています。

材料・用具・基本情報

糸	ISAGER SOCK YARN ①22 ②58　各50g
針	2.5mm輪針 60cm （日本の1号または2号相当） 休み目用棒針（2.5mm棒針）
ゲージ	ガーター編み　28目×56段（10cm角）
サイズ	フリーサイズ（約23.5cm）
しましま編み	①と②を2畝（往復編みで4段）ずつ 交互に編む

はぎ目をアクセントにしてしまうエスプリ

編み図（全体図）

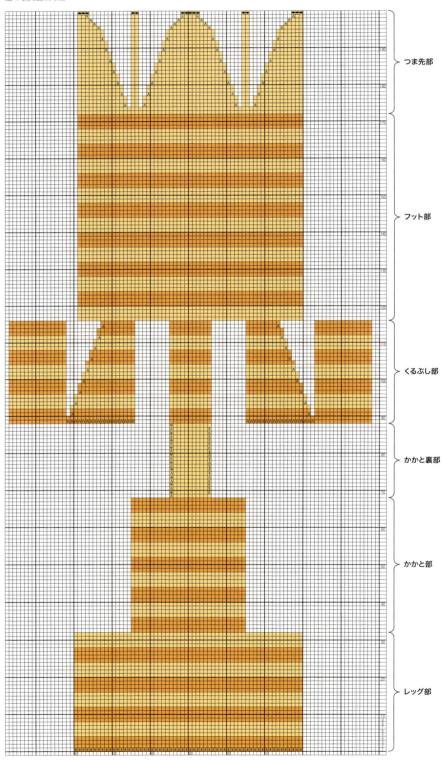

つま先部
フット部
くるぶし部
かかと裏部
かかと部
レッグ部

- 往復編みで編み進めて、最後は中表にしてはいで仕上げる。
- レッグ部から編み始める。かかと裏部は「引き返し編み」で編む。
- 編み始める前に、①、②をそれぞれ約10m取り分けておく。

※レッグ部の丈は、かかと部を編むまでの段数を増やして調節できます。

編み方

[レッグ部]
1. **1段め**: ①を使って「指でかける作り目」で60目作り目をする。
2. **2〜32段め**: ①と②が4段（2畝）ずつ交互のガーター編みで往復編みし、しましま模様を8本作る。

※「かかと部」と「かかと裏部」を編む間、両端の15目は休み目用の針で休ませておきます。

[かかと部]・レッグ部の中央30目を使って編み進める。
1. **33段め**: レッグ部の15目を休み目用の針に移し、最初に取り分けておいた①で、表目30目を編む。残りの15目は休み目用の針に移す。
2. **34〜66段め**: 最初に取り分けておいた②も使い、4段（2畝）ずつ交互に色を替えながら、しましま模様を8本作る。
3. **67段め**: 裏側にある②を横に渡しながら編みくるみ、①で表目9目を編む。②は9目めの裏側においたまま、残りの21目を表目で編む。

※②を裏で9目移動させるのは、かかと裏部を編む時に使う位置まで目立たなく移動する工夫です。

4. **68段め**: 表目30目を編む。

[かかと裏部]・単色②で編む。
1. **69段め**: 9目を右針に移す。②を使って表目で10目編み、「左上2目一度」を1目編む。
2. **70段め**: 「浮き目」1目・表目9目・「左上2目一度」を1目編む。
3. **71段め**: 「すべり目」1目・表目9目・「左上2目一度」を1目編む。
4. **72〜88段め**: 70・71段めと同じ要領で編み、糸端を約20cm残して切る。

[くるぶし部]・レッグ部で休ませておいた糸を使って編む。
1. **89段め**: 編み地を返して裏側を手前にし、32段めで休ませていた15目を右針に移す。もう一度、編み地を返し、表側を手前にする。①を使って表目で15目、ステッチマーカーをつけ、かかと部の脇（33〜68段め）から18目を畝ごとに拾う。表目11目を編み、かかと部の脇（33〜68段め）から18目を畝ごとに拾う。ステッチマーカーをもう1つつけ、残りの15目を表目で編む。（77目）

2. **90段め**: 表目ですべての目を編む。
3. **91段め**: 最初のステッチマーカーまで表目（15目）・ステッチマーカーを移す・「左上2目一度」1目・もう1つのステッチマーカーの2目手前まで表目（43目）・「左上2目一度」1目・ステッチマーカーを移す・表目で最後の目まで編む。
4. **92・93段め**: 表目ですべての目を編む。（93段めは、②に替えて編む）
5. **94〜116段め**: 編み図にしたがって、3段ごとに2目一度、4段（2畝）ごとに色を替えながら、91〜93段めと同じ要領で8回繰り返し、116段・59目になるまで編む（8回めは表目ですべて編む段が2段ではなく、1段のみ）。ステッチマーカーを外す。

[フット部]
117〜172段め: ①と②で4段（2畝）ずつを交互に、14本（くるぶし部からは合計21本）のしましま模様ができるようにガーター編みする。①の糸端を約20cm残して切る。

[つま先部]・単色②で編む。
1. **173段め**: 表目15目、ステッチマーカーをつけ、表目29目、ステッチマーカーをもう1つつけ、残りの15目を表目で編む。
2. **174段め**: 表目ですべての目を編む。
3. **175段め**: 最初のステッチマーカーの3目手前まで表目・「左上2目一度」1目・表目1目・ステッチマーカーを移す・表目1目・「左上2目一度」1目・もう1つのステッチマーカーの3目手前まで表目・「左上2目一度」1目・表目1目・ステッチマーカーを移す・表目1目・「左上2目一度」1目・表目で残りの目を編む。
4. **176・177段め**: 表目ですべての目を編む。
5. **178〜195段め**: 175〜177段めと同じ要領で編む。
6. **196〜199段め**: 175段めと同じ要領で編む。
7. **200段め**: すべての目を「伏せ止め」する。糸端を約20cm残して切り、糸始末をする。

もう1枚編む。
編み地の両脇の目を①で拾ってから中表に合わせて折り、①で「引き抜きはぎ」をする。つま先は、表からのブランケットステッチで仕上げる。
できあがり。さぁ、ソックスを履きましょう！

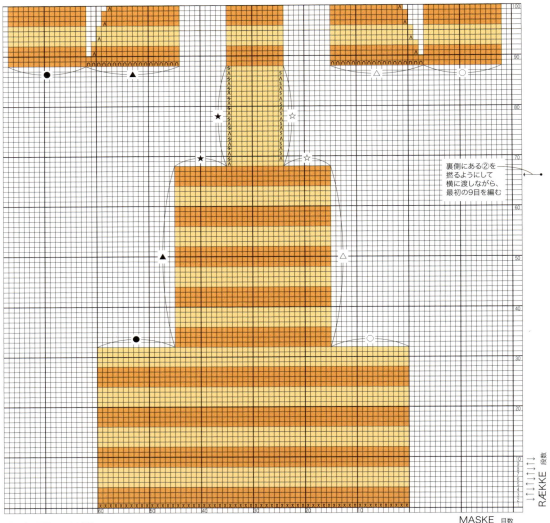

●図内の記号はP.119参照

ソックスの表と裏

完成した編み地を広げたところ

編み上がりの端を合わせる

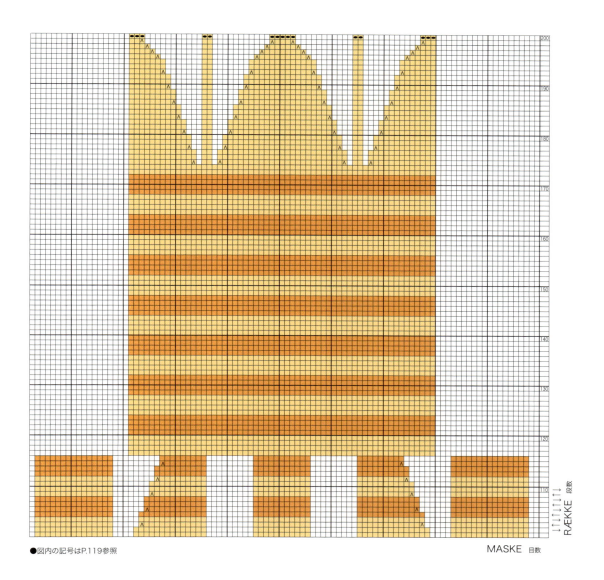

●図内の記号はP.119参照

MASKE 目数

RÆKKE 段数

中表にして「引き抜きはぎ」で仕上げる　　　はぐ前の状態

HYGGE PLAID

ヒュッゲ・ブランケット

デンマークでは、手編みのブランケットに身体を包みこんで、温かいコーヒーやお茶を片手にソファーや肘掛け椅子でくつろぐことが心地よくて素敵だと考えます。

材料・用具・基本情報

糸	ISAGER ① JENSEN YARN 40s(250g)と ALPACA 2 40s(150g)の引き揃え ② JENSEN YARN 82s(250g)と SILK MOHAIR 68(75g)の引き揃え
針	5.5mm輪針 80cm (日本の11号または12号相当)
ゲージ	ガーター編み 16目x32段(10cm角)
サイズ	75x125cm
しましま編み	①と②で1畝ずつ交互に編む。

たたむとオブジェのよう

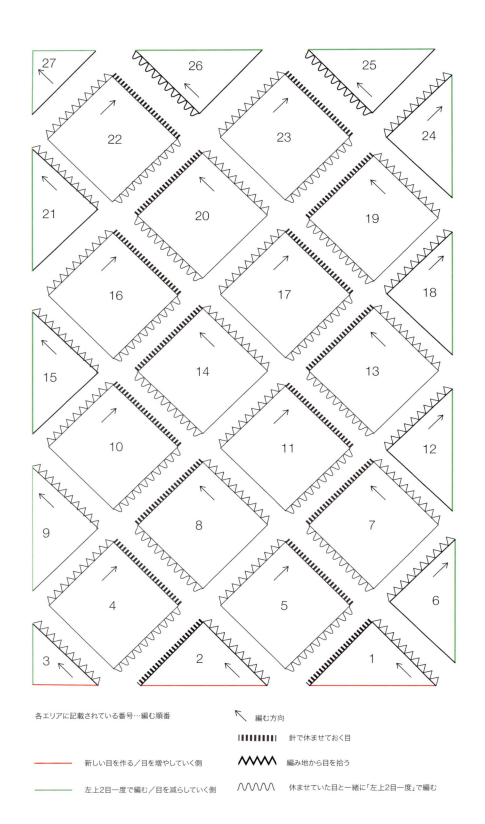

編み方

パーツ1
1. **1段め**: ①を使って「巻き目の作り目」で2目作り目する。
2. **2段め**: 表目で2目編む。
3. **3段め**: ②に替え、表目1目・「ねじり増し目」1目・表目1目を編む。(3目)
4. **4段め**: 表目ですべての目を編む。
5. **5段め**: ①に替え、最後の1目手前まで表目(ここでは2目)・「ねじり増し目」1目・表目1目を編む。(4目)
6. **6段め**: 表目ですべての目を編む。
7. **7〜65段め**: ①と②が交互で2段(1畝)ずつのガーター編みで、34目になるまで編む。
8. **66段め**: 表目ですべての目を編み、編み目を針につけたまま、糸を約20cm残して切る。

パーツ2
パーツ1の66段めの編み目(34目)を針に残したまま、パーツ1と同じものを編み、編み目を針につけたまま、糸を約20cm残して切る。(しましま33本)

パーツ3
1. **1段め**: ①を使って「巻き目の作り目」で2目作り目する。
2. **2段め**: 表目で2目編む。
3. **3段め**: ②に替え、表目1目・「ねじり増し目」1目・表目1目を編む。(3目)
4. **4段め**: 表目ですべての目を編む。
5. **5段め**: ①に替え、最後の1目手前まで表目(ここでは2目)・「ねじり増し目」1目・表目1目を編む。(4目)
6. **6段め**: 表目ですべての目を編む。
7. **7〜31段め**: ①と②が交互で2段(1畝)ずつのガーター編みで、17目になるまで編む。
8. **32段め**: 表目ですべての目を編む。
9. **33・34段め**: ①ですべての目(17目)をガーター編みする。
10. **35段め**: ②で最後の2目手前まで表目(ここでは15目)・「左上2目一度」1目を編む。
11. **36段め**: 表目ですべての目を編む。
12. **37〜64段め**: ①と②が交互で2段(1畝)ずつのガーター編みで、35・36段めと同じ要領で、2目になるまで編む。
13. **65段め**: ①で「左上2目一度」1目を編む。
14. **66段め**: 表目1目を編む。糸を約20cm残して切る。

パーツ4(10・16・22も同じ要領で仕上げる)
1. **1段め**: ①でパーツ3の表・右脇から34目を拾う。
2. **2段め**: 表目33目を編み、最後の目とパーツ2の最終段の最初(左端)の目を一緒に「左上2目一度」で編む。(製図参照)
3. **3段め**: ②で表目34目を編む。
4. **4〜68段め**: ①と②が交互で2段(1畝)ずつのガーター編みで、パーツ2の最後の段にある編み目を偶数段でつなぎながら2・3段めと同じ要領で68段めまで編む。編み目を針につけたまま、糸を約20cm残して切る。

パーツ5(11・17・23も同じ要領で仕上げる)
パーツ4と同じ要領で編む。
パーツ2から編み目を拾い、パーツ1の最後の段とつなぎながら、正方形を編む。編み目を針につけたまま、糸を約20cm残して切る。

パーツ6(12・18・24も同じ要領で仕上げる)
1. **1段め**: ①でパーツ1の表・右脇から34目を拾う。
2. **2段め**: 最後の2目手前まで表目で編み(32目)・「左上2目一度」1目を編む。
3. **3段め**: ②ですべての目を表目で編む。(この段では33目)
4. **4〜68段め**: ①と②が交互で2段(1畝)ずつのガーター編みで、2・3段めと同じ要領で1目になるまで編む。糸を約20cm残して切る。

パーツ7(13・19も同じ要領で仕上げる)
1. **1段め**: ①でパーツ6の表・左脇から33目を拾い、パーツ5の最後の段右端の目を34目めとして拾う。
2. **2段め**: 表目ですべての目(34目)を編む。
3. **3段め**: ②で表目を33目編み、最後の目とパーツ5の最後の段の目を一緒に「左上2目一度」で編む。
4. **4〜68段め**: ①と②が交互で2段(1畝)ずつのガーター編みで、パーツ5の最後の段にある編み目を奇数段でつなぎながら2・3段めと同じ要領で68段めまで編む。編み目を針につけたまま、糸を約20cm残して切る。

パーツ8(14・20も同じ要領で仕上げる)
1. **1段め**: ①でパーツ5の表・左脇から33目を拾い、パーツ4の最後の段右端の目を34目めとして拾う。
2. 残りは、パーツ7と同じ要領で編む。

パーツ9（15・21も同じ要領で仕上げる）

1. 1段め：①でパーツ4の表・左脇から34目を拾う。
2. 2段め：「右上2目一度」1目・表目で残りの目を編む。
3. 3段め：②ですべての目を表目で編む。
4. 4〜68段め：①と②が交互で2段（1畝）ずつのガーター編みで、2・3段めと同じ要領で1目になるまで編む。糸を約20㎝残して切る。

パーツ25（26も同じ要領で仕上げる）

1. 1段め：①でパーツ24の表・左脇から33目を拾い、パーツ23の最後の段右端の目を34目めとして拾う。
2. 2段め：最後の2目手前まで表目・「左上2目一度」1目を編む。
3. 3段め：②で表目32目を編み、最後の目とパーツ23の最後の段の目を一緒に「左上2目一度」で編む。
4. 4〜68段め：①と②が交互で2段（1畝）ずつのガーター編みで、2・3段めと同じ要領で1目になるまで編む。糸を約20㎝残して切る。

パーツ27

1. 1段め：①でパーツ22の表・左脇から34目を拾う。
2. 2段め：「左上2目一度」1目・表目で残りの目を編む。
3. 3段め：②で「左上2目一度」1目・表目で残りの目を編む。
4. 4〜68段め：①と②が交互で2段（1畝）ずつのガーター編みで、2・3段めと同じ要領で1目になるまで編む。糸を約20㎝残して切る。

仕上げ方

糸始末をする。

できあがり。さぁ、ブランケットにくるまりましょう。

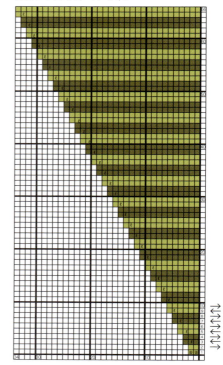

ヒュッゲ・ブランケット　パーツ1, 2

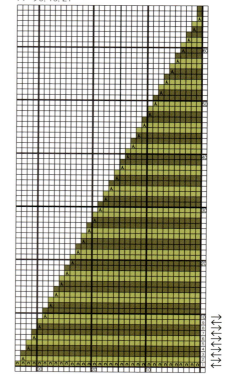

パーツ9, 15, 21

パーツ3

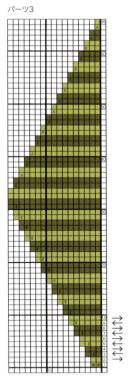

パーツ6, 12, 18, 24

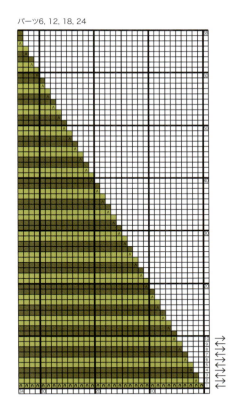

パーツ25, 26

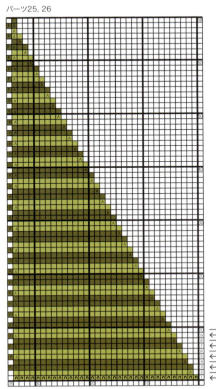

パーツ27

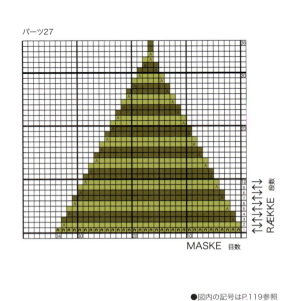

MASKE 目数
RÆKKE 段数

●図内の記号はP.119参照

89

HYGGE BLOMST

ヒュッゲ・フラワー

柔らかくて繊細な花を編んで花束を作りましょう。テーブルに飾って、お茶を飲むひとときだけでなく、何もしないで過ごす静かなひとときを楽しみましょう。ずっと使えるのも嬉しいですね。

材料・用具・基本情報

糸	ISAGER TVINNI　各5g A: ①25s ②35s B: ①1s ②27s C: ①3 ②10
針	2mm棒針(日本の0号相当)
その他	竹串(黒)直径4mm、長さ40cm ＊黒の竹串が入手しにくい場合、普通の竹串をPOSCAなどの不透明の水性インクペンで黒に塗りましょう。
ゲージ	ガーター編み 27目x60段(10cm角)
サイズ	花の直径9cm
しましま編み	各色1畝(往復編みで2段)ずつ交互に編む

P.91の写真では、右にA、左にB、手前中央にCの組み合わせのヒュッゲ・フラワーが飾ってあります。

編み図（全体図）

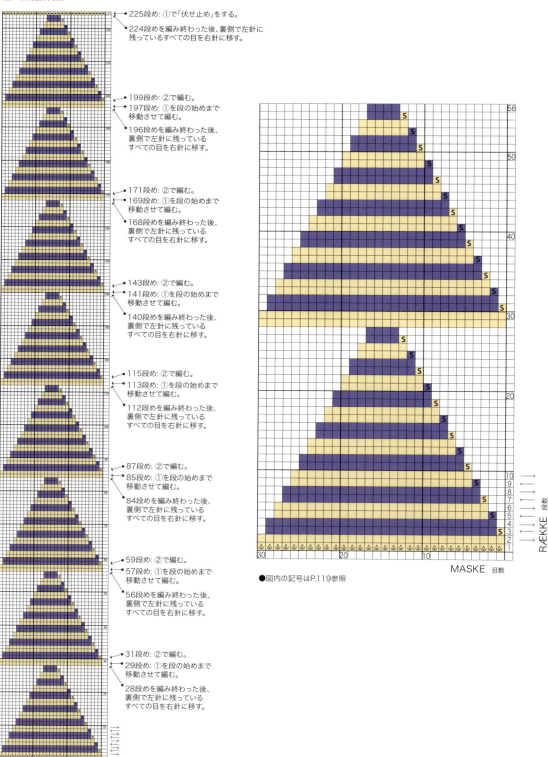

●図内の記号はP.119参照

編み方

同じパターンを8回繰り返して円盤のような形を作ります。

1. **1段め（1畝め・表）**：①を使って「巻き目の作り目」で30目作り目をする。
2. **2段め（1畝め・裏）**：表目で30目編む。
3. **3段め（2畝め・表）**：「すべり目」1目・②で最後の1目手前まで表目（この段では28目）・最後の1目を左針に残したまま裏へ返す。
4. **4段め（2畝め・裏）**：表目ですべての目（28目）を編む。（前段で「すべり目」した目は数えない・以下同）
5. **5～27段め（3畝め・表～14畝め・表）**：3・4段めと同じ要領で、2段ごとに色を替えながら、奇数段では「すべり目」1目・最後の1目手前まで表目を編んで裏に返し、偶数段ではすべての目を表目で編む。
6. **28段め（14畝め・裏）**：表編みで4目編み、左針にあるすべての目（13目）を右針に移し、表へ返す。
7. **29段め（15畝め・表）**：裏側中央付近にある①を、引っ張りすぎないように端に渡し、表目で針にあるすべての目（30目）を編む。
8. **30段め（15畝め・裏）**：表目ですべての目を編む。（30目）
9. **31段め（16畝め・表）**：裏側中央付近にある②を、引っ張りすぎないように端に渡し、「すべり目」1目・②で表目を最後の1目手前まで28目編む。最後の1目は左針に残したまま裏に返す。
10. **32段め（16畝め・裏）**：表目ですべての目（28目）を編む。
11. 5～32段めの工程をあと7回繰り返す。8回めは224段めまでを編み、225段めは「伏せ止め」をする。
12. 糸端は、編み地をはぐために①は約50cm、②は約20cmを残して切る。

仕上げ方

1. ②の糸始末をする。①で最初と最後の段を「ガーターはぎ」でかがる。茎となる竹串が入るところは少しだけあけておく。糸始末をする。
2. スチームアイロンをそっとかける。
3. 竹串に花をさし、さし口をきっちりととじる。

できあがり。部屋を飾りましょう。

部屋にやさしさを与える花

STRIK KEDE STRI BER UDE

しましま編み
おでかけこもの

デンマークには四季がありますが、冬が半年くらい続きます。この半年間は暗くて湿っぽいことが多く、気温が零下にならなくても体感温度はかなり低いのです。そんな半年を気持ちよく過ごすための大切なポイントは、ヒュッゲ。おうちでの空間も心地よくしたいものですが、おでかけの際にも心地よく過ごしたいですね。この章では、心地よくおでかけできるこものをご紹介します。私たちならではのデザインや色の組み合わせをお楽しみくださいね。

FORÅRS TØRKLÆDE

春待ちマフラー

春めいてきた季節にもマフラーが重宝する時があります。春の訪れを感じる日に楽しむマフラーをご提案します。リネンとコットンの混紡糸を使った作品です。

材料・用具・基本情報

糸	ISAGER TRIO 2 （麻50％、綿30％、リオセル20％）
色	①Granit, ②Lemon, ③Green tea, ④Frost　各50g
針	2mm輪針 80cm（日本の0号相当）2本
ゲージ	ガーター編み 32目x68段（10cm角）
サイズ	4.5x240cm
しましま編み	横しま ①、②で2畝ずつ交互に編む 縦しま ③、④で2畝ずつ交互に編む

1. 横しまを編む

2. 縦しまを編む

3. 長い方の辺の目をそれぞれ拾い、中表にして「引き抜きはぎ」をする。

一辺で、388目+402目＝790目を拾い目する

4. 表に返し、短い方の端を表から「引き抜きはぎ」をする。

34目の辺を半分に折るので、一辺につき17目拾い目する。

カラーリングも兼ねた引き抜きはぎの妙

編み方

横しま
1. ②で「巻き目の作り目」で388目作り目をする。
2. 次の3段をガーター編みで編む。
3. ①でガーター編みを4段編み、②、①を交互に4段ずつのガーター編みで32本のしましま模様を編む。
4. ②で3段をガーター編みで編み、すべての目を「伏せ止め」する。
5. 糸端を約20cm残して切り、糸始末をする。

縦しま
1. ③で横しま編み地の短辺を表側から畝ごとに目を拾い、34目作り目をする。
2. 次の3段をガーター編みで編む。
3. ④でガーター編みを4段編み、③、④を交互に4段ずつのガーター編みで400本のしましま模様を編む。
4. ③で3段をガーター編みで編み、すべての目を「伏せ止め」する。
5. 糸端を約20cm残して切り、糸始末をする。

仕上げ方

1. 編み地を長い筒に仕立てる。輪針を使い、長い方の辺を①で横しまは1目ごと(388目)、縦しまは1畝ごと(402目)ずつ1目を拾って、それぞれの辺で790目拾い目をする。
2. 編み地を中表に合わせて折り、二辺を突き合わせ、①で「引き抜きはぎ」をする。
3. 糸端を20cmほど残して切り、糸始末をする。
4. 編み地を表に返して、継ぎ目が後ろ中央にくるように整える。
5. 横しまの端を、③で前側に17目、後ろ側には別針で17目を拾う。二辺を突き合わせて、前側から「引き抜きはぎ」をする。
6. 縦しまの端も同様に②で前側と後ろ側で17目ずつを拾い、同じ要領で前側から「引き抜きはぎ」をする。
7. 糸端を約20cm残して切り、糸始末をする。

できあがり。マフラーを巻いてみましょう。

LUNT TØRKLÆDE

ぽかぽかマフラー

春の光を感じるようになっても、気温はまだまだ上がらない時期が続きます。そんな時には、体を温めてくれるウール製のマフラーが嬉しいですね。

材料・用具・基本情報

糸	ISAGER TVINNI ①1s ②10 ③27s ④15s 各25g
針	2mm輪針 80cm（日本の0号相当）2本
ゲージ	ガーター編み 27目×60段（10cm角）
サイズ	9×160cm
しましま編み	横しま ①、②で2畝ずつ交互に編む 縦しま ③、④で2畝ずつ交互に編む

1. 横しまを編む

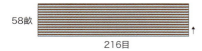

2. 縦しまを編む

3. 長い方の辺の目をそれぞれ拾い、中表にして「引き抜きはぎ」をする。

250 畝→ 250目　（各畝から1目を拾う）
一辺につき、216目 + 250目 ＝ 466目を拾い目する

4. 表に返し、短い方の辺を表から「引き抜きはぎ」をする。

記念撮影

編み方

横しま

1. ①で「巻き目の作り目」で216目作り目をする。
2. 次の3段をガーター編みで編む。
3. ②でガーター編みを4段編み、①、②を交互に4段ずつのガーター編みで合計56本のしましま模様を編む。
4. ①でガーター編みを3段編み、すべての目を「伏せ止め」する。
5. 糸端を約20cm残して切り、糸始末をする。

縦しま

1. ③で「横しま」編み地の短辺を表側から畝ごとに目を拾い、58目作り目をする。
2. 次の3段をガーター編みで編む。
3. ④でガーター編みを4段編み、③、④を交互に4段ずつのガーター編みで合計248本のしましま模様を編む。
4. ③でガーター編みを3段編み、すべての目を「伏せ止め」する。
5. 糸端を約20cm残して切り、糸始末をする。

仕上げ方

1. 編み地を長い筒に仕立てる。輪針を使い、長い方の辺を①で横しまは1目ずつ（216目）、縦しまは畝ごとに1目（250目）拾って、一辺あたり466目拾い目する。もう片方の辺も同様に466目拾い目する。
2. 編み地を中表に合わせて折り、長辺2辺を突き合わせ、③で「引き抜きはぎ」をする。
3. 糸端を20cmほど残して切り、糸始末をする。
4. 編み地を表に返して、継ぎ目が後ろ中央にくるように整える。
5. 横しまの端を③で前側に29目、後ろ側には別針で29目を拾う。二辺を突き合わせて、前側から「引き抜きはぎ」をする。
6. 縦しまの端も同様に②で前側と後ろ側で29目ずつを拾い、同じ要領で前側から「引き抜きはぎ」をする。
7. 糸端を約20cm残して切り、糸始末をする。

できあがり。マフラーを巻いてみましょう。

HÅNDLEDSVARMER

リストウォーマー

柔らかく、軽い素材で手首をやさしく暖めてくれます。柄だけではなく、
立体的にも表現しているしましまは、暖かさを生む効果もあります。

材料・用具・基本情報

糸	ISAGER ALPACA 2 ①11 ②21　各20g
針	2.5mm棒針短針／5本針 （日本の1号または2号相当）
ゲージ	メリヤス編み 30目×40段（10cm角）
サイズ	フリーサイズ 長さ25cm・幅10cm
しましま編み	①、②で1段ずつ交互に編む

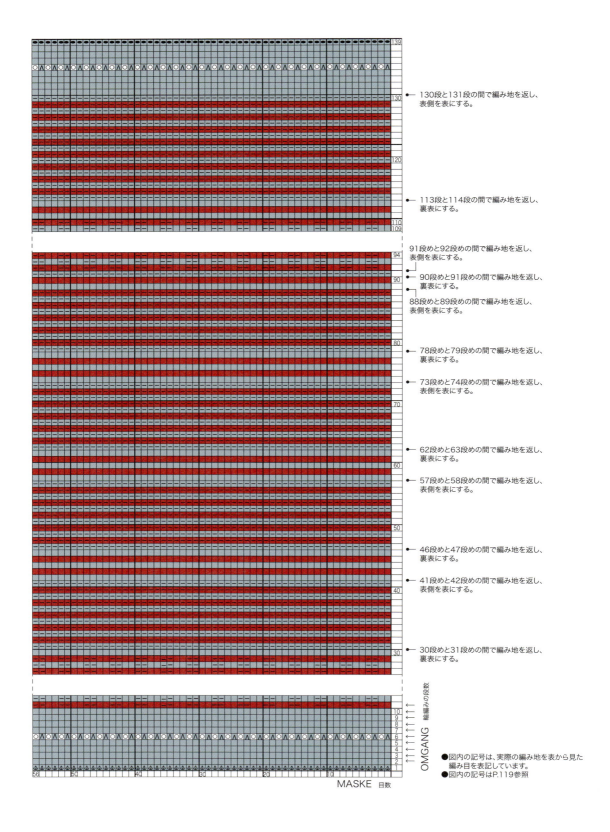

編み方

1. **1段め**: ①を使って、「巻き目の作り目」で56目作り目をする。
2. **2〜5段め**: 4本の短針に分けて輪にし、4段、表目を編む。
3. **6段め**: 「左上2目一度」と「かけ目」を交互に繰り返す。
4. **7〜10段め**: 4段を表目で編む。
5. **11段め**: ②に替え、「2目ゴム編み」を編む。
6. **12段め**: ①に替え、「2目ゴム編み」を編む。
7. **13〜28段め**: 5、6を繰り返す。
8. **29段め**: ②で「2目ゴム編み」を編む。
9. **30段め**: ①を使って表目を編む。裏面が表になるよう編み地を返す。
10. **31〜41段め**: 31段と41段が①になるように各段で①と②を替えながら、11段を表目で編む。表面が表になるように編み地を返す。
11. **42〜46段め**: 42段と46段が①になるように各段で①と②を替えながら、5段を表目で編む。裏面が表になるよう編み地を返す。
12. **47〜78段め**: 10、11を2回繰り返す。
13. **79〜88段め**: 一時的に表となった裏側を各段で①と②を替えながら、10段を表目で編む。表面が表になるよう編み地を返す。
14. **89〜90段め**: 各段で①と②を替えながら、2段を表目で編む。裏面が表になるよう編み地を返す。
15. **91段め**: ①で表目を編む。表面が表になるよう編み地を返す。
16. **92〜110段め**: ②に替え、各段で①と②を替えながら、19段「2目ゴム編み」を編む。
17. **111〜113段め**: 各段で①と②を替えながら、3段を表目で編む。裏面が表になるよう編み地を返す。
18. **114〜130段め**: 一時的に表となった裏側を114の段と130の段が①になるように各段で①と②を替えながら、17段を表目で編む。表面が表になるよう編み地を返す。
19. **131〜134段め**: ①で4段、表目を編む。
20. **135段め**: ①で「左上2目一度」と「かけ目」を交互に繰り返す。
21. **136〜138段め**: ①で表目を編む。
22. **139段め**: 「伏せ止め」をする。糸端を約20cm残して切り、糸始末する。
23. スチームアイロンを表側からそっとあてる。
24. もう1枚、同じものを編む。

仕上げ方

- 穴がある段（6段めと135段め）が端になるように、編み始めと編み終わりをそれぞれ内側に折る。
- 端をまつる。

※裏側を表にして編む時は、編む糸と休ませる糸を絡めてから編み始めると、きれいな仕上がりになります。

できあがり。リストウォーマーが手首を暖かく包みますよ。

HOP HUE

ぴょんぴょん帽

ものがたりに出てくる女の子の気分になれる、おだんご頭のような帽子です。かわいいでしょう？ あなたの動きに合わせて、おだんご部分がぴょんぴょんしますよ。

材料・用具・基本情報

糸	ISAGER ① TVINNI 12s(50g)と SILK MOHAIR 12(25g)の引き揃え ② TVINNI 25s(50g)と SILK MOHAIR 12(25g)の引き揃え
針	2.5mm輪針 60cm (日本の1号または2号相当) 拾い目用棒針(2.5mm棒針)
ゲージ	ガーター編み 24目x52段(10cm角)
サイズ	フリーサイズ 高さ25cm・頭周り41cm
しましま編み	①と②を2畝(往復編みで4段)ずつ交互に編む

編み図（全体図）

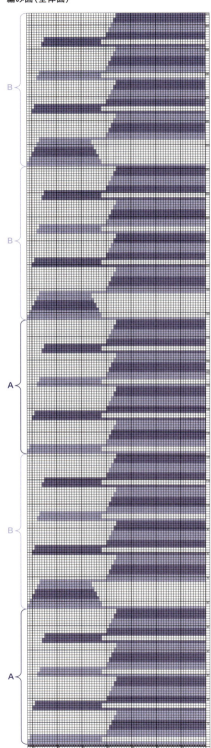

A

B

しましまのおだんご

編み方

- 後ろ中央から編み始める
- 偶数段が表側になる
- 引き返し編みで帽子の上部にある「おだんご」部分を作る
- しましま方向は縦
- 編み始める前に、あらかじめ「おだんご」部分に使う②を約10m取り分けておく

1. 1段め: ①を使って「巻き目の作り目」で72目作り目をする。

Aゾーンを編む（2～57段め）

2. 2段め（表）: 表目ですべての目（72目）を編む。
3. 3段め（裏）: 表目で30目を編む。
4. 4段め: 表目で最後の1目手前まで（29目）編む。最後の1目を左針に残したまま編み地を返す。（引き返し編み）
5. 5段め: 表目で左針にあるすべての目（71目）を編む。
6. 6・7段め: 表目で40目をガーター編みする。
7. 8段め: ②で表目を39目編む。33目は左針に残したまま編み地を返す。
8. 9段め: 表目で左針にあるすべての目（39目）を編む。
9. 10～15段め: 4段ごとに色を替えながら、8・9段めと同じ要領で、表側で針に残す目を1目ずつ増やし、裏側では左針にあるすべての目を編む。最後の2段（ここでは14、15段め）は36目編む。
10. 16段め: ②で表目を70目編む。
11. 17段め: 表目で28目を編む。
12. 18段め: 表目で27目を編む。最後の3目は左針に残したまま編み地を返す。
13. 19段め: 表目で左針にあるすべての目（この段は69目）を編む。
14. 20～29段め: 6～15段めの全10段と同じ要領で編む。
15. 30段め: ①で表目を68目編む。
16. 31段め: 表目で26目を編む。
17. 32段め: 表目で25目を編む。最後の5目を左針に残したまま編み地を返す。
18. 33段め: 表目で67目を編む。
19. 34～43段め: 6～15段めの全10段と同じ要領で編む。
20. 44段め: ②で表目を66目編む。
21. 45段め: 表目で24目を編む。
22. 46段め: 表目で23目を編む。最後の7目を左針に残したまま編み地を返す。
23. 47段め: 表目で65目を編む。
24. 48～57段め: 6～15段めの全10段と同じ要領で編む。

※57段めを編んだ糸は、72段めまで休ませておきます。

Bゾーンを編む（58～121段め）

25. 58段め: ①で表目を72目編む。
26. 59段め: 表目で30目を編む。
27. 60段め: 表目で29目を編む。最後の1目を左針に残したまま編み地を返す。
28. 61段め: 表目で28目を編む。最後の43目を左針に残したまま編み地を返す。
29. 62～68段め: 最初に取り分けておいた②で、60・61段めと同じ要領で、1目ずつ減らして編む。65段めが編み終わったら②を切る。68段めは表目で21目編む。
30. 69段め: 表目で67目を編む。
31. 70～79段め: 6～15段めの全10段と同じ要領で編む。72段めからは、57段めで休ませておいた②で編む。
32. 80段め: ②で表目を70目編む。
33. 81段め: 表目で28目を編む。
34. 82段め: 表目で27目を編む。最後の3目を左針に残したまま編み地を返す。
35. 83段め: 表目で左針にあるすべての目（この段は69目）を編む。
36. 84～93段め: 6～15段めの全10段と同じ要領で編む。
37. 94段め: ①で表目を68目編む。
38. 95段め: 表目で26目を編む。
39. 96段め: 表目で25目を編む。最後の5目を左針に残したまま編み地を返す。
40. 97段め: 表目を67目編む。
41. 98～107段め: 6～15段めの全10段と同じ要領で編む。
42. 108段め: ②で表目を66目編む。
43. 109段め: 表目を24目編む。
44. 110段め: 表目を23目編む。最後の7目を左針に残したまま編み地を返す。
45. 111段め: 表目を65目編む。
46. 112～121段め: 6～15段めの全10段と同じ要領で編む。

47. 122～177段め: Aゾーン（2～57段め）の要領で編む。
48. 178～241段め: Bゾーン（58～121段め）の要領で編む。
49. 242～305段め: Bゾーン（58～121段め）の要領で編む。

仕上げ方

1. 輪針の片方に編み地を寄せ、裏から②で編み始めの目を拾う。
2. 編み地を中表に合わせて、作り目と編み終わりの目を突き合わせ、②で「引き抜きはぎ」をし、編み地を筒状に合わせる。
3. 糸端を約20cm残して切り、糸始末をする。
4. 表側に返す。

できあがり。早速、かぶってみましょう！

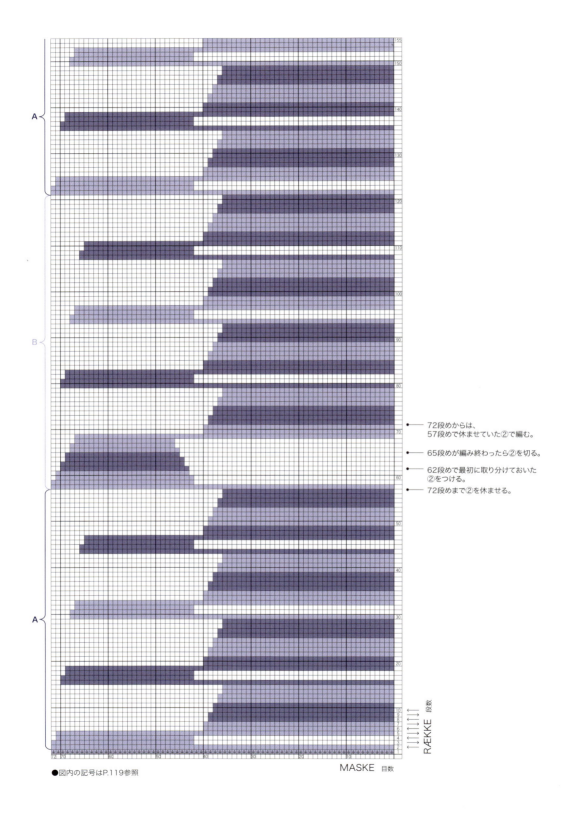

● 図内の記号はP.119参照

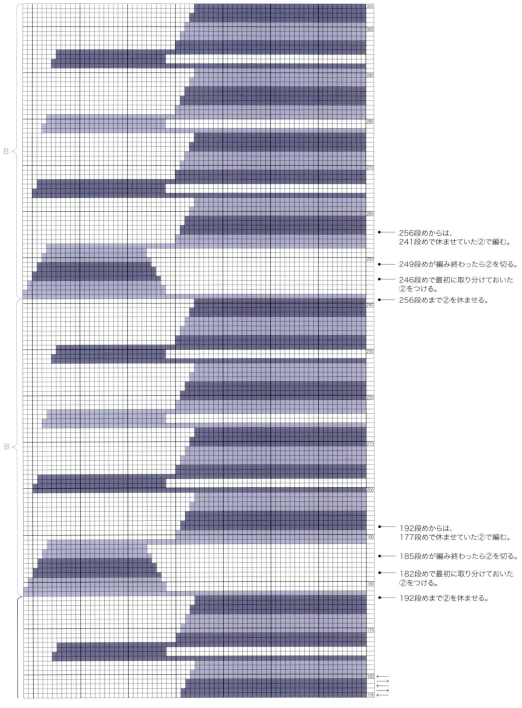

- 256段めからは、241段めで休ませていた②で編む。
- 249段めが編み終わったら②を切る。
- 246段めで最初に取り分けておいた②をつける。
- 256段めまで②を休ませる。

- 192段めからは、177段めで休ませていた②で編む。
- 185段めが編み終わったら②を切る。
- 182段めで最初に取り分けておいた②をつける。
- 192段めまで②を休ませる。

●図内の記号はP.119参照

HYGGE TASKE

ヒュッゲ・バッグ

持ち歩くのが楽しくなる、ごきげんバッグです。かわいらしさと使いやすさを意識してデザインしました。いろいろな場所に連れて行ってあげてくださいね。

材料・用具・基本情報

糸	ISAGER ① TRIO 2 "Powder"(50g)と JAPANSK BOMULD 39(50g)の引き揃え ② TRIO 2 "Blush"(50g)と JAPANSK BOMULD 39(50g)の引き揃え
針	2mm輪針 60cm(日本の0号相当) 拾い目用棒針(2mm棒針)
ゲージ	ガーター編み 28目x52段(10cm角)
サイズ	幅20cmx高さ15cmx奥行10cm 持ち手の長さ 28cm
しましま編み	各色2畝(往復編みで4段)ずつ交互に編む

持ち手の編み上がり

本体の編み上がり(2枚編む)

本体

底

①を裏で撚るように横に渡しながら、最初の14目を編む

持ち手

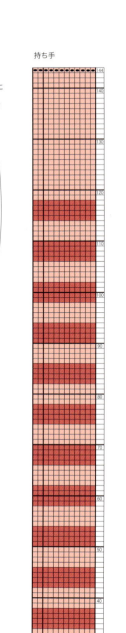

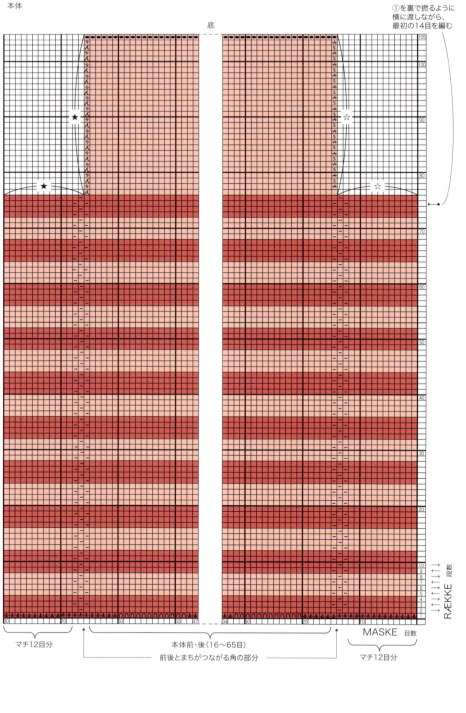

マチ12目分　　本体前・後(16〜65目)　　マチ12目分
前後とまちがつながる角の部分

MASKE 目数　　RÆKKE 段数

MASKE 目数

●図内の記号はP.119参照

116

編み方

- 持ち手、本体の順に編む
- 本体は、口から底に向かって編む
- 本体は2枚編み、最後に2枚を合わせてはぐ

持ち手の編み方

1. ①を使って「指でかける作り目」で12目作り目をする。
2. 26段(13畝)をガーター編みする。
3. ②に替え、①と②が交互に4段(2畝)ずつのガーター編みで23本のしましま模様を作る。
4. ①で25段(13畝)をガーター編みし、26段めで「伏せ止め」をする。

持ち手の仕上げ方

1. 持ち手を外表に縦半分に折る。
2. JAPANSK BOMULD(39)で、表側から14〜58畝めまで(②で編んだ最初のしましま模様の半分から最後のしましま模様の半分まで)を、両脇でそれぞれ46目を拾う。
3. きつめに「引き抜きはぎ」をする。
4. 糸端を約20cm残して切り、糸始末をする。

本体の編み方

1. ②で「2回ねじりの巻き目の作り目」で20目作り目をする。
2. 続けて、持ち手の片方の端の表側から12目を拾い、その後、「2回ねじりの巻き目の作り目」で16目作り目をする。持ち手のもう片方の端の表側から12目を拾い、続けて、「2回ねじりの巻き目の作り目」で20目作り目をする。1段めに80目の作り目ができる。
3. **2段め(裏)**: 表目13目・裏目1目・表目52目・裏目1目・表目13目を編む。

※ 両側から13〜15目が本体の前後とマチの境です。

4. **3段め(表)**: 表目12目・裏目1目・表目1目・裏目1目・表目50目・裏目1目・表目1目・裏目1目・表目12目を編む。
5. **4段め(裏)**: 表目13目・裏目1目・表目52目・裏目1目・表目13目を編む。
6. **5〜76段め**: 3・4段めを繰り返し、①と②を交互に4段(2畝)ずつのしましま模様を作りながら、合計で19本のしましま模様を編む。75段めの最初の14目は、①を裏で編みくるむ。
7. ②の糸端を約20cm残して切る。

本体・底の編み方 ・①単色で編む。

1. **77段め**: 本体の最初の14目を右針に移す。①を使って、表目51目、「右上2目一度」1目を編む。
2. **78段め**: 「浮き目」1目、表目50目、「裏目の左上2目一度」1目を編む。
3. **79段め**: 「すべり目」1目、表目50目、「右上2目一度」1目を編む。
4. **80〜104段め**: 78・79段めと同じ要領で編む。
5. **105段め**: すべての目を「伏せ止め」する。
6. 糸端を約20cm残して切る。

「持ち手」、「本体」の順でもう一組作る。

バッグの仕上げ方

1. JAPANSK BOMULD(39)でパーツを、マチの口から底に向かって、4段ごとに1目を拾う(19目)。底は1目ずつ拾い(52目)、反対側のマチも同じ要領で目を拾う(全部で90目)。
2. もう1枚の編み地も同じ要領で目を拾う。
3. 2枚の編み地を中表にして「引き抜きはぎ」で合わせる。
4. 糸端を約20cm残して切り、糸始末をする。

※ マチをきつめに「引き抜きはぎ」すると、バッグにやわらかなフォルムが生まれます。

できあがり。さぁ、バッグを持って出かけましょう!

「2回ねじりの巻き目の作り目(Dobbelt løkkeopslagning)」は、巻き目のループをさらに半周ねじってから針にかける。

GARN
しましま編み・糸いろいろ

この本では、全作品にデンマークのニットブランドISAGER(イサガー)の糸を使っています。

ISAGERは、ニットデザイナー、マリアンネ・イサガー (Marianne Isager)とヘルガ・イサガー(Helga Isager)がプロデュースするデンマークのニットブランドです。こだわりの素材を使い、自然からインスピレーションを受けた美しい色を豊富に取り入れたクオリティの高い糸を豊富に取り揃えています。

TVINNI
長さ:~510m/100g　素材: WOOL100%　原産国:デンマーク
イサガー製品で最もクオリティの高いメリノウール。マリアンネ・イサガーとデンマークの紡績工場 "Skive Uldspinderi" の協働で開発された。

JENSEN YARN
長さ:~250m/100g　素材:WOOL100%　原産国:デンマーク
3本どりで撚りの強い糸のため、耐久性にもすぐれ、風合いを生かした編み地に向いている。マリアンネ・イサガーが運命的に出会い、その技と知識を継承したデンマークのニットデザイナー、オーセ・ルンド・イエンセンに由来を持つ。

TRIO 2
長さ:~175m/50g　素材:LINEN 50%　COTTON 30%　LYOCELL 20%　原産国:イタリア
しなやかで美しい光沢のある糸。サラッと肌触りもよく、春夏物にも適している。

SILK MOHAIR
長さ:~212m/25g　素材:SILK 25%　SUPER KID MOHAIR 75%
原産国:イタリア
柔らかく光沢の美しい糸で、軽くてふわふわした風合いが特徴。他の表面に凹凸のない糸と一緒に編むことで柄が引き立つ。

ALPACA 2
長さ:~250m/50g　素材:WOOL & ALPACA 各50%　原産国:ペルー
柔らかさが特徴。他の糸と引き揃えることにより、耐久性が高くなる。

SOCK YARN
長さ:~193m/50g　素材:BABY WASH ALPACA 40%
EASY WASH MERINO WOOL 40%　RECYCLED NYLON 20%
原産国:ペルー
洗濯機にかけても縮まないように処理され、リサイクルナイロンが糸に強度を与えている。環境に配慮したドイツ製の酸化剤を使用。

JAPANSK BOMULD
長さ:~315m/50g　素材:COTTON 100%　原産国:JAPAN
ベルト状の糸で、他の糸と引き揃えると楽しい編み地になる。一見硬い紙のように見えるが、100%コットンで、洗うごとに柔らかさが出る。

STRIKKESYMBOLER
しましま編み・編み記号一覧

この本で使っている編み記号を紹介します。

記号	意味	記号	意味
∧	左上2目一度	Z	すべり目で右針から左針に移して編む
人	右上2目一度	∩	拾い目
A	裏目の左上2目一度	□	表目
●	伏せ止め	O	かけ目
ℓ	2回ねじりの巻き目の作り目	S	編み地の後ろに糸をおいてすべり目
X	指でかける作り目	s	編み地の手前に糸をおいて目をすべらせる（浮き目）
ℓ	ねじり増し目	—	裏目
ℓ	巻き目の作り目	F	2目一度を編む時に拾う目

縮絨（しゅくじゅう）の仕方

洗濯機洗いでも手洗いでもできます。

＜洗濯機洗い＞
洗濯洗剤（10g）を使って洗濯機洗い（おしゃれ着洗い）する。

＜手洗い＞
1. 30〜40℃くらいのぬるま湯に洗濯洗剤を入れて溶かす。
2. 編み地を入れ、約10分浸した後、やさしくもみ洗いする。
3. 好みの風合いになったら、水を替えてすすぐ。
4. タオルで押さえて脱水し、形を整え、陰干しする。
5. 乾いたら完成。

TVERSTED
トゥヴェステッド

ISAGERは、1977年創業のデンマーク企業。ユトランド半島北部にある小さな町トゥヴェステッドに本社があります。
廃校になった学校をリノベーションした本社には、宿泊つきの研修施設やカフェ・ショップが併設されており、芸術性の高い技術を取り入れた講座も開催しています。日本からもニッティングツアー（1週間）を申し込むことができます。

イサガージャパン株式会社
〒251-0031 神奈川県藤沢市鵠沼藤が谷2-8-15
電話番号：0466-47-9535
本社ホームページ　http://www.isagerstrik.dk

FARVEKOMBINATIONER
しましま編み・色の組み合わせ

「おうちこもの」と「おでかけこもの」で、TVINNIを使った作品は、
ここにあるカラーパレットで色を組み合わせています。

この色の配色が使われている作品： ティーコゼー、エッグウォーマー、茎つき葉っぱ、ヒュッゲ・フラワー、ぽかぽかマフラー

イースターエッグで用いている
3色の組み合わせを紹介します。

組み合わせ A

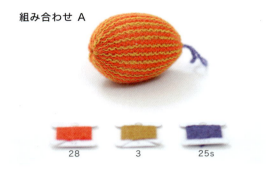

28　　3　　25s

組み合わせ B

1s　　10　　46

組み合わせ C

28　　27s　　22

組み合わせ D

39s　　54　　22

組み合わせ E

35s　　46　　54

組み合わせ F

15s　　27s　　28

組み合わせ G

15s　　10　　27s

STRIKKETEKNIK
この本で使われている技法

引き返し編み

表目を編むだけなのに、立体的な形やおもしろい形が作れる手法です。本書では、三角バスケット、クリスマス・ラグ、ミトン、茎つき葉っぱ、ヒュッゲ・フラワー、ぴょんぴょん帽に使っています。

＜基本の技法＞
左針の目を指定の数だけ編んだら、残りの目を針に残したまま、編み地を返して次の段を編む。針に残す目数を変えていくことで編み地に傾斜をつけていく。本書の作品はすべてガーター編みなので、実際に編む目は表目のみ。裏に返す位置は穴があきやすいので、少しきつめに編む。

巻き目の作り目

ブランケットステッチ

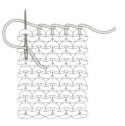

目と目をはぐ

1

2

3

4

5

1. 糸を切った先に縫い針をつける。両側の最も端に近い目を交互にすくう。
2. 繰り返す。
3. 数目すくったら、ゆっくり糸を引き、編み地の隙間をとじる。
4. ある程度進んだら、同様に編み地の隙間をとじる。
5. 上記の工程を繰り返すと、はぎ合わせ部分を目立たせずに、編み地の端をはぐことができる。

畝ごとに目を拾う

1. 編み針を畝の段の端の目に入れる。
2. 針の先に糸をかける。
3. そのまま糸を引き出す。拾い目が1目できた。

拾い目をした編み地（表）　　拾い目をした編み地（裏）

引き抜きはぎ

1. はぎ合わせる編み地の畝からそれぞれ目を拾う。
2. 編み地を中表にして持ち、手前と向こう側の1目めにそれぞれ左から右に針を入れる。
3. 針に糸をかけて2目を一度に引き抜く。
4. 2目一度に引き抜いたところ。
5. 1目手前の目に左針を入れる。
6. 3の目を1目手前の目の中から引き抜く。
7. 引き抜きはぎが1目できた。

「引き抜きはぎ」した編み地（表）　　「引き抜きはぎ」した編み地（裏）

123

HELENE JENSEN

ヘレナ・イェンセン

テキスタイルデザイナー。編みものデザイナー。
テキスタイルに特化したデンマークの高等教育機関『デザインスクール・コリング』卒。
既存の編みもの技術を用いて、革新的な作品を制作することに編みものだけではなく、フェルティング（羊毛フェルト）も得意で、斬新で感性豊かな作品が高く評価されている。また、テキスタイル全般への深い造詣から、テキスタイル企業での商品開発顧問としてサステナブルが色濃く反映されたデザインを監修している。

HELENE JENSEN KNITで販売している編み図が使われた作品

HELENE JENSEN KNIT
ヘレナ・イェンセン・ニット

長年にわたり、デンマークでのニット・デザインに携わってきたテキスタイル・デザイナー、ヘレナ・イェンセンのオリジナルブランド。フォルム、テクスチャーいずれにおいても、シンプルでモダンな表現をコンセプトとしている。クラシカルなカットによるフィット感のあるデザインには、ヘレナ・イェンセンの情熱が細部にまで反映されており、用途と組み合わせの幅広さは抜群。どんなときにもお気に入りの一枚として使えることが特徴。

https://helenejensenknit.dk

PERNILLE FISKER

パニラ・フィスカー

デンマークの手仕事デザイナー。テキスタイルに特化したデンマークの高等教育機関『デザインスクール・コリング』卒。
母校で基本の縫製技術とアパレル生産に関する講義や技術指導にあたり、アクセサリーデザインにも携わった後、手仕事デザイナーとして独立。アイロンビーズや毛糸など身近な素材を使ったワークショップを開いて、手仕事の楽しさを伝え、創造性を育む活動を展開している。高いデザイン力と独特の色の組み合わせで、難しい技術を持ち合わせなくても、誰もが身近な素材で美しい作品が作れるよう工夫している。2024年9月、デンマークで既刊の冊子をまとめた実用書『パニラ・フィスカーのアイロンビーズ・マジック』（誠文堂新光社）が発刊された。

パニラさんのアトリエ（写真上）・編みのものブーケ（写真下）・写真右下は、先の国家元首・マルガレーテ2世女王陛下に献上されたブーケ

PERLEMAGI
アイロンビーズ・マジック™

子どものおもちゃとしてのイメージが強いアイロンビーズという素材を、誰もが入手しやすく扱いやすい素材ととらえ、独自の手法と色の取り合わせを用いた「アイロンビーズ・マジック」を開発。デンマーク国内の文化施設や図書館からの招聘により、オリジナリティ溢れるワークショップを展開している。子どもだけではなく、大人も楽しめる美しい図案を用いて、手作りと創造性を育むことの楽しさを提唱。実用性を兼ね備えた美しいデザインを大切にする一方、形や色で遊ぶことやサステナブルであることにも力を注いでいる。

https://www.perlemagi.dk

TAK 謝意

この本が出版されるまで、多くの方々のご理解とご協力をいただきました。中でも、私たちの本を日本で紹介してくださった林ことみさん、この本での作品の制作と試作のための糸をご提供くださったニット・ブランドISAGERさん、私たちの作品を日本向けの本として出版してくださった誠文堂新光社さん、デンマークでの本の出版を担当してくれたパタンナー&ニッターのAnnette Danielsenさん、デンマークでの本のデザインを手がけてくれたBerit Stubkjærさん（www.beritgrafiskdesign.dk）、オリジナルのエスプリなどを見事に反映するだけではなく、さらにパワフルなデザインを加えてくださったデザイナーの木村愛さん、美しい写真を撮影してくれたJacob Hoeck、Jan Oster、Jens Christian Hansen、Jonas Normann（Instagram @jonasnormann / www.jonasnormann.com）各氏、デンマークの編み図や作り方を丁寧に確認してくださったエディター・ライターの中田早苗さん、翻訳だけではなく、しましま編みのコンセプトに深い理解を持ち、私たちの文化や人格を理解した上で、日本の読者のための企画を進行してくれたくらもとさちこさん、最後に、この企画への温かい理解と協力、支援をしてくれた私たちそれぞれの家族に心からの謝意を評します。

ヘレナ・イェンセン ＆ パニラ・フィスカー

編みものデザイナー・手しごとデザイナー。デンマーク在住。
デンマークの高等教育機関『デザインスクール・コリング』卒業後、多数のデザイン企画に関わる。母校で教鞭をとっていた時代に知り合い、お互いの感性に感化され、ガーター編みをベースにした『しましま編み』という枠で、編みものデザインのユニットを結成。
シンプルな技法と独自のカラーリングを使って、洗練された美しさとウィットを持ち合わせた作品を得意としている。二人による作品は、デザイン王国デンマークでも高く評価され、全国各地から招聘される手しごと講座の他、デザインとサステナブルが関連したプロジェクトにも積極的に関わっている。「HELENE JENSEN KNIT」「Perlemagi」というブランドでも活躍中。

https://helenejensenknit.dk
https://www.perlemagi.dk

装丁・デザイン(日本語版)	木村愛
撮影	Jacob Hoeck、Jan Oster、Jens Christian Hansen、Jonas Normann
写真提供	Jan Oster
糸提供	ISAGER ApS
スタイリング	Helene Jensen、Pernille Fisker、くらもとさちこ
モデル	Laura、Freja
トレース	松尾容巳子
校閲	庄司靖子、野中良美
編集協力	中田早苗
編集・解説・翻訳	くらもとさちこ

オーナメント、ティーコゼーから、帽子（ぼうし）、ブランケット、ミトンまで

デンマーク発（はつ） ヘレナ＆パニラのしましま編（あ）みニット

2024年10月20日　発　行　　　　　　　　　　　　　　　　　　　　　　　　　NDC594

著　　者	ヘレナ・イェンセン、パニラ・フィスカー
翻　　訳	くらもとさちこ
発　行　者	小川雄一
発　行　所	株式会社 誠文堂新光社
	〒113-0033 東京都文京区本郷3-3-11
	https://www.seibundo-shinkosha.net/
印刷・製本	株式会社 大熊整美堂

©Helene Jensen, Pernille Fisker, Sachiko Kuramoto. 2024　　　　　　　Printed in Japan

本書掲載記事の無断転用を禁じます。

落丁本・乱丁本の場合はお取り替えいたします。

本書の内容に関するお問い合わせは、小社ホームページのお問い合わせフォームをご利用ください。

本書に掲載された記事の著作権は著者に帰属します。これらを無断で使用し、展示・販売・レンタル・講習会等を行うことを禁じます。

JCOPY ＜(一社) 出版者著作権管理機構 委託出版物＞
本書を無断で複製複写（コピー）することは、著作権法上での例外を除き、禁じられています。本書をコピーされる場合は、そのつど事前に、(一社) 出版者著作権管理機構（電話 03-5244-5088 ／ FAX 03-5244-5089 ／ e-mail：info@jcopy.or.jp）の許諾を得てください。

ISBN978-4-416-52453-4